HISTOIRE

DES

CONQUÊTES

DE

LOUIS XV.

MONARQUE des Français tes vertus et ta gloire,
Brilleront pour jamais au Temple de mémoire.

HISTOIRE

DES

CONQUÉTES

DE

LOUIS XV.

Tant en Flandre que sur le Rhin, en Allemagne &
en Italie, depuis 1744, jusques à la Paix conclue
en 1748.

*Ouvrage enrichi d'Eflampes, repréfentant les Siéges & Batailles ;
& de Plans des principales Villes affiegées & conquifes.*

PAR M^r. DU***

A GENEVE,

Et fe vend à Paris ;

Chez DELORMEL, Libraire, rue du Foin, à l'Image Sainte Geneviéve.

M DCC LIX.

HISTOIRE

DES

CONQUÊTES

DE

LOUIS XV.

Tant en Flandre que fur le Rhin, en Allemagne &
en Italie, depuis 1744, jufques à la Paix conclue
en 1748.

*Ouvrage enrichi d'Eftampes, repréfentant les Siéges & Batailles,
& de Plans des principales Villes affiégées & conquifes.*

Par Mr. DUMORTOUS.

A PARIS,

Chez DE LORMEL, Libraire, ruë du Foin, à l'Image Sainte Geneviéve.

M. DCC. LIX.

AVEC PRIVILEGE DU ROI.

AU ROI.

J'ose retracer à ma Patrie les premiers triomphes de VOTRE MAJESTÉ. *Rome dans ses beaux jours ne fondoit sa puissance, que sur les chaînes des Souverains & des peuples vaincus ; mais vos conquêtes, ces exemples immortels de valeur, ne seront admirées de la postérité que par la clémence, qui vous les a fait sacrifier aux douceurs de la Paix. On ne méconnoîtra jamais en* VOTRE MAJESTÉ *le Héros, Ami de l'humanité, qui, jaloux de conserver le sang des François & de l'Etranger, sera placé dans l'Histoire au rang des*

Pacificateurs & des Peres du peuple. Ces rares vertus sont
celles des grands Rois. Votre Regne en reçoit toute sa gloire.
Elles font notre félicité. Puisse le Ciel nous perpétuer ces
avantages au-delà de nos vœux.

Je suis avec le plus profond respect,

SIRE,

De VOTRE MAJESTÉ,

Le très-humble, très-obéissant
& très-fidele Serviteur & Sujet.
Du . . . .

AVERTISSEMENT.

L'Histoire ne doit repréſenter que lés actions gé-
nérales & politiques des Souverains ; la légiſlation & les
exploits militaires en ſont les principaux objets ; ſi leur
enſemble ne peut paroître ſous d'autre titre, il eſt peu de
perſonnes qui n'accordent que l'une ou l'autre de ces par-
ties, traitée ſéparément, n'ait droit de porter ce nom. Ces
motifs ont déterminé à intituler cet Ouvrage, *Hiſtoire des
Conquêtes de Louis XV.* La nature des événemens, leur
célébrité & l'ordre que l'on a adopté dans leur expoſition,
n'ont point permis de préférer le titre de *Journal Hiſtorique*,
qui lui eût peut-être mieux convenu.

Si l'Auteur n'eût conſulté que ſes foibles talens, il n'eût
jamais mis au jour une collection de ce genre ; née dans
le ſein du ſilence, elle n'eût été conſacrée qu'aux délaſſe-
mens de celui qui lui avoit donné l'être ; mais d'heureuſes
circonſtances, ayant fait connoître les premieres eſquiſſes
de cet Ouvrage, à des Officiers généraux, qui dans les
dernieres Guerres ont contribué avec le plus de diſtinction
aux ſuccès des armes du Roi, leur zèle, leur amour pour
la Patrie & la gloire d'un Maître qu'ils ne ceſſent de ſervir
avec fidélité, les ont portés à enrichir de leurs lumieres
un projet, dont le mérite ne pouvoit être fondé que ſur
la vérité des faits & l'exactitude de leurs époques.

C'eſt dans des ſources ſi prétieuſes & ſi pures, que l'on
a puiſé la préciſion, ſi néceſſaire aux détails des mouve-
mens des Troupes & de leurs attaques dans les Siéges &
dans les Batailles ; la variété des opérations & la rapidité

de l'exécution, à l'aide de Mémoires que des mains habiles ont bien voulu communiquer, font retracées de maniere, qu'en leur confervant ce qu'ils ont d'utile, on s'eft attaché à corriger les longueurs & la féchereffe, qui en font prefque inféparables, par les ornemens dont ils pouvoient être fufceptibles.

Ces Mémoires particuliers ont procuré un autre avantage ; comparés avec les Journaux les plus accrédités, qui avoient fervi à jetter les premiers fondemens de cette Hiftoire, l'Auteur s'eft efforcé d'y donner la derniere main avec cette confiance, que lui donnoient des inftructions capables de réparer les erreurs des écrits qu'il a confultés.

Mais il eût manqué à cet Ouvrage, la partie la plus chere au Prince & à fes Sujets, fi l'on fe fût contenté de payer un jufte tribut d'éloges aux Généraux qui ont commandé fous les ordres du Roi, fans publier la valeur de cette multitude d'Officiers, fi dignes par leurs actions de l'immortalité. Pour fatisfaire à cet hommage, il n'eft point de recherches que l'on n'ait faites, pour recueillir les noms de ceux qui ont perdu la vie les armes à la main, ou qui ont été couverts de bleffures.

Cette Hiftoire eft divifée en cinq Livres; & chaque Livre eft fubdivifé en autant de Chapitres, que les François ont remporté de Victoires & conquis de Places importantes. Le premier Livre comprend tout ce qui s'eft paffé en 1744, en Flandre, fur le Rhin & en Allemagne ; on rend compte dans le fecond des fuccès de l'Armée combinée en Italie dans le cours de la même année; & les trois derniers Livres renfer- ment le détail des Siéges, des Batailles, ainfi que des marches & pofitions refpectives des Armées en Flandre, depuis 1744, jufques à la Paix conclue en 1748.

HISTOIRE

TABLE DES CHAPITRES.

LIVRE QUATRIEME.

CAMPAGNE de 1746, *page.* . . . . 97.

LIVRE CINQUIEME.

CAMPAGNES de 1747 & 1748, *page.* . . . . 139.

FIN DE LA TABLE.

FAUTES A CORRIGER.

Page 17. ligne 25. ue, *lisez* une.
Page 18. ligne 15. continuel les, *lisez* continuelles.
Page 28. ligne 29. *après ces mots*, rapidité de, *lisez* l'éclair.
Page 62. ligne 3. fonet, *lisez* fonte.
Page 75. ligne 4. un ance, *lisez* une anse.

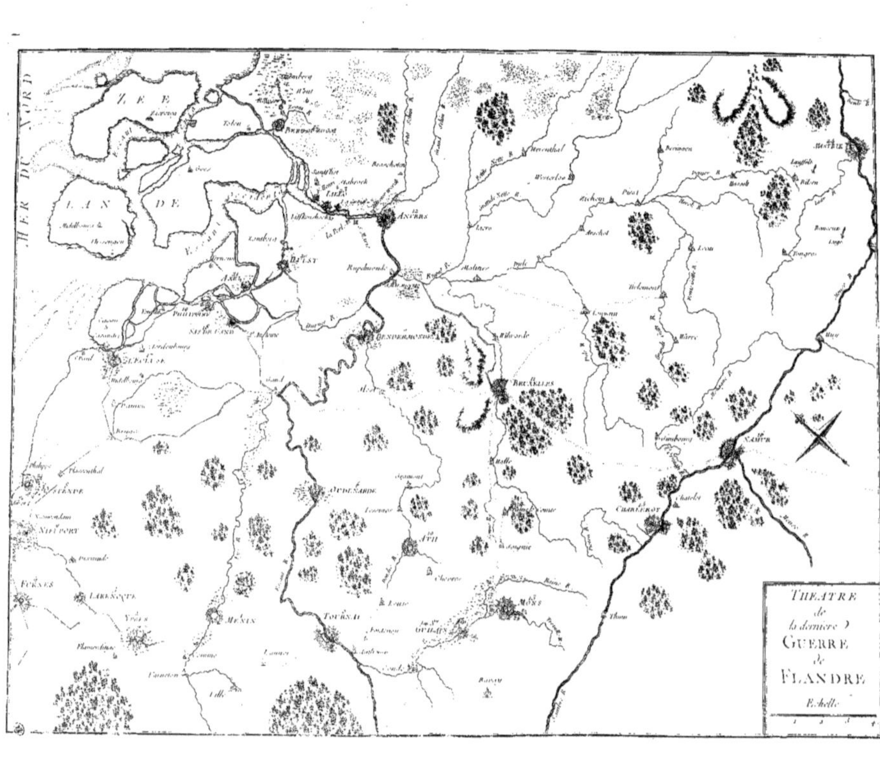

MER DU NORD
ZEE
LANDE DE
ANVERS
BRUSSEL
NAMUR
CHARLEROY
MONS
TOURNAI
OUDENARDE
MENIN
OSTENDE
NIEUPORT
FURNES
DENDERMONDE
AXEL
THEATRE
de la dernière
GUERRE
de
FLANDRE
Echelle

HISTOIRE

DES

DES CONQUESTES

DE

LOUIS XV.

LIVRE PREMIER.

CAMPAGNE DE 1744.

LA FRANCE étoit encore occupée à chanter les Victoires de ses Alliés, lorsqu'au-delà des Monts, l'Infant *Dom Philippe* & le Prince de *Conti* se faisoient déja connoître par leurs conquêtes: on s'attendoit à joüir d'une paix que la renommée publioit en tous lieux ; mais comme cette messagere est aussi inconstante qu'infidele, elle annonça bientôt aux François qu'ils auroient à leur tour la guerre, dont leur premier Ministre (a) les avoit préservés depuis long-tems.

(a) LE Cardinal de *Fleuri.*

A

LES démarches suspectes du Roi d'Angleterre qu'on avoit éclairées, ainsi que celles de la Reine de Hongrie & de leurs Alliés; les infractions des traités, & les hostilités de *Mathews*, Général des puissances Maritimes, déterminerent enfin le Roi de France à déclarer la guerre au Roi de la Grande Bretagne, Électeur d'Hanover.

A PEINE la Déclaration de guerre fut-elle publiée dans la capitale du royaume, (*b*) que le Maréchal Duc de *Noailles*, nommé pour commander l'armée qui s'assembloit en Flandre, partit pour s'y rendre; les Officiers Généraux choisis pour servir sous ses ordres, imiterent leur Commandant : le Comte de *Saxe*, qui n'étoit alors que Lieutenant Général, ayant été nommé Maréchal de France, eut le commandement d'un corps de troupes; le Duc *d'Harcourt* se mit à la tête d'un autre, & le Maréchal de *Coigny* eut une armée formidable à commander.

PENDANT qu'on faisoit les préparatifs de cette premiere & glorieuse campagne, le ROI déclara la guerre à la Reine de Hongrie. (*b*)

PEU de tems après la publication de cette Déclaration de guerre, LOUIS XV, accompagné de plusieurs Seigneurs, en état de lui inspirer l'amour & l'espérance des triomphes, dignes fruits des victoires qu'il devoit remporter, partit pour la Flandre, où il se mit à la tête de son armée.

QUELLE joye pour un Monarque de voler à la gloire! Guidé par des Héros capables de lui faire moissonner les premiers lauriers de sa jeunesse, rien ne peut alors arrêter le cours de son ardeur : les forts des ennemis, la rigueur des saisons, les rochers, les fleuves & les mers; il semble que tout vienne céder à sa valeur extrême.

(*b*) L'ORDONNANCE du Roi, portant déclaration de guerre contre le Roi de la Grande Bretagne, fut publiée le 30 Mars 1744.

(*c*) L'ORDONNANCE du Roi, portant déclaration de guerre contre la Reine de Hongrie, fut publiée le 27 Avril 1744.

SIEGE. DE MENIN
rendu le 4. Juin 1744.

CHAPITRE PREMIER.

Prife de MENIN.

LE ROI s'étant rendu au camp de Cifoing, vifita fon armée, & celle du Maréchal de *Saxe*, dont il fit une revûe générale : ces deux armées fe mirent enfuite en mouvement, le Comte de *Saxe* s'avança jufqu'à Courtrai ; (*d*) & après que les Magiftrats de cette ville eurent été forcés de lui en préfenter les clefs, ce Héros en fit fon quartier général. L'armée du Roi marcha de fon côté fur quatre colonnes ; la premiere fous les ordres du Comte de *la Mothe-Houdancourt*, la feconde & la troifiéme fous ceux du Comte de *Clermont*, & la quatriéme fut commandée par le Duc de *Biron*.

TELLE étoit la pofition de l'armée, lorfque Menin fut invefti, (*e*) & que le ROI eut établi fon quartier au village de Werwick: SA MAJESTÉ n'eut point de tranquillité qu'elle n'eût reconnu la place, décidé l'endroit de fon attaque, & celui dans lequel elle voulut qu'on ouvrît la tranchée ; les troupes envoyées pour cette premiere opération, où le Roi fe trouva, furent commandées par M. de *Ceberet*, Lieutenant Général ; SA MAJESTÉ refta dans les travaux jufqu'à deux heures du matin, malgré les rifques qu'elle y courut, & les dangers auxquels elle demeura longtems expofée.

LE ROI, parfaitement inftruit du progrès des travaux qui avoient été faits pendant la nuit, & prefque tous fous fes yeux,

---

(*d*) COURTRAI, ancienne ville des Pays-Bas, LOUIS XIV. la céda à la Maifon d'Autriche, par le traité de Nimégue ; mais l'ayant reprife depuis, il la fit démanteler en 1683. elle fut rendue à la Maifon d'Autriche par le traité de Rifwick : elle eft fur la Lis à 4 lieues de Lille, 5 de Tournai & d'Ypres, & 56 de Paris.

(*e*) MENIN, belle ville des Pays-Bas, dans la Flandre ; les François la prirent en 1667, & en firent une des plus fortes places de la Flandre. Les alliés la prirent en 1706, elle fut cédée à la Maifon d'Autriche par les traités d'Utrecht, de Raftadt & de Bade. Elle eft fur la Lis à 3 lieues de Lille, 7 d'Armentiere, 2 & demie de Courtrai, 3 d'Ypres & 57 de Paris.

ne fe contenta pas de louer le zele de ceux qui y avoient été employés ; il prouva bien en cette occafion, que la liberalité n'eft point un trafic d'orgueil & d'oftentation dans les opérations militaires, comme on le voit fouvent dans les affaires politiques, il fit donner une gratification confidérable aux travailleurs.

Le Comte de *Clermont*, à l'exemple de fon Roi, fit ouvrir la tranchée à la droite du côté de l'ouvrage à corne ; & comme l'intrépidité donne à l'ame d'un héros, la force & le courage de s'élever au-deffus des troubles & des émotions, que la vûe des grands périls pourroient y exciter, le Roi alla vifiter la tranchée que l'on avoit ouverte devant l'ouvrage à corne, & s'avança jufqu'à la tête de toutes les fappes.

Après plufieurs jours de tranchée ouverte, on s'apperçut que les affiégés avoient abandonné l'ouvrage à corne ; alors on y fit avancer des grenadiers ; les affiégés pour donner lieu de croire qu'il y avoit des troupes dans cet ouvrage, envoyerent quelques foldats tirer de tems en tems. Cette rufe de guerre ne leur réuffit pas, autant il parut de foldats, autant on leur fit de prifonniers.

Voila quelles étoient les opérations de la guerre, lorfque le Comte de *Clermont* fit placer une batterie de feize piéces de canon, pour battre en brêche ; leur feu précéda le lever du foleil, avec tant de vivacité & de fuccès, que cet aftre du jour étoit à peine au milieu de fa courfe, lorfque le Baron *Defthen*, qui commandoit dans Menin, fit arborer le drapeau blanc, & demanda à fe rendre. (f)

(f) Menin fut invefti le 18 Mai 1744 ; la tranchée fut ouverte devant cette place, tant à l'attaque royale qu'à la droite du côté de l'ouvrage à corne le 28. Le 4 Juin, le Gouverneur fit arborer le drapeau blanc, & demanda à fe rendre : la capitulation fut, que la garnifon fortiroit avec les honneurs de la guerre, qu'elle feroit conduite au Fort de l'Eclufe avec une efcorte, que le Gouverneur pourroit emmener avec lui 4 piéces de canon, & 4 obutz aux armes des États Généraux, avec 20 coups à tirer pour chaque piéce & pour les troupes. Le 5, le Roi prit poffeffion de la place, la garnifon défila devant lui, & les Magiftrats lui préfenterent les clefs de la ville, dont les fortifications furent enfuite rafées.

Les Officiers Généraux qui monterent la tranchée pendant le fiége, furent Meffieurs de *Ceberet*, le Comte de *Clermont*, le Comte de la *Mothe-Houdancourt*, le Marquis de *Maubourg*, le Marquis de *Montboiffier*, de *Cherifey*, le Marquis de *Choifeul-Meufe*, le Marquis de *Fenelon*, le Duc de *Gramont*,

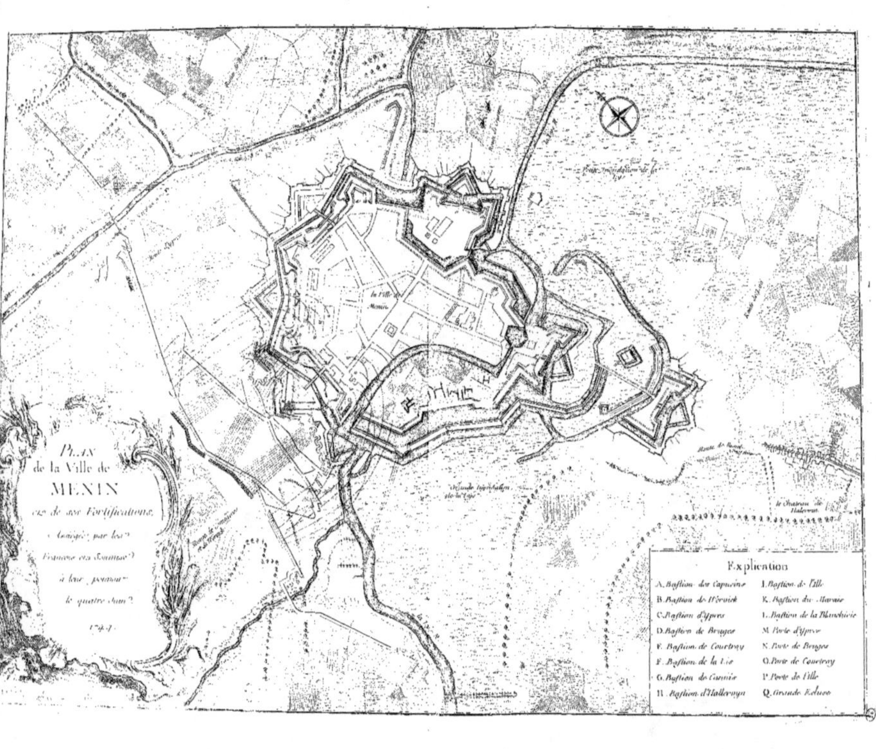

Plan
de la Ville de
MENIN
et de ses Fortifications,
assiégée par les
François en Flandres
à leur passant
le quatre Juin
1744

Explication
A. Bastion des Capucins
B. Bastion de Werwick
C. Bastion d'Ypres
D. Bastion de Bruges
E. Bastion de Courtray
F. Bastion de la Lie
G. Bastion de Cuerne
H. Bastion d'Halleroyn
I. Bastion de l'Ille
K. Bastion du Marais
L. Bastion de la Blanchisserie
M. Porte d'Ypres
N. Porte de Bruges
O. Porte de Courtray
P. Porte de l'Ille
Q. Grande Escluse

le Château de Halewyn

LE ROI bien informé d'une nouvelle aussi intéressante, fit partir à l'instant le Maréchal de *Noailles* ; ce Général eut en entrant dans la place une conférence avec un Colonel des troupes de la garnison, qui lui présenta les articles de la capitulation, que le Gouverneur prioit SA MAJESTÉ de lui accorder : les ôtages furent donnés de part & d'autre, le Maréchal de *Noailles* en rendit compte au Roi, & la capitulation fut signée.

le Comte de *Segur*, le Duc de *Biron*, le Comte de *Lowendal*, le Marquis de *Balleroi*, le Prince de *Pons*, le Comte de *Chabannes*, le Marquis de *Chifreville*, le Duc de *Richelieu*, le Maquis de *Marigane*, le Duc de *Luxembourg*, de *Montgibault*, le Comte de *Clare*, le Marquis *d'Hautefort*, *Zurlauben*, le Marquis de la *Riviere*, & le Marquis de *Pontchartrain*.

M. de *Valliere*, commanda l'artillerie, & le Comte *Daumalle*, le génie.

CHAPITRE SECOND.

Prise D'YPRES , & du Fort de la KENOQUE.

LA ville de Menin ne fut pas plûtôt rangée fous l'obéiffance du Roi, que ce Monarque donna fes ordres pour faire le fiége d'Ypres. (*a*) Le Comte de *Clermont* fut chargé d'inveftir cette place ; un détachement de l'armée du Maréchal de *Saxe*, commandé par M. *Defgranges*, partit pour la même opération, & le Maréchal de *Saxe* efcorté de guerriers intrepides, (*b*) alla reconnoître le terrein : une troupe d'infanterie fortie de la place, fut attaquée par ce Général ; la rencontre ne fut pas heureufe pour les ennemis : le fecours que le Gouverneur envoya pour les foutenir n'empêcha pas leur défaite ; leur réfiftance fut vaine, quelques Officiers & plufieurs foldats y furent tués ; on leur fit même un grand nombre de prifonniers.

LE premier jour qui éclaira la marche du Comte de *Clermont*, pour l'inveftiffement d'Ypres, fut un jour heureux ; ce Prince s'empara d'une Redoute que les ennemis avoient conftruite près de Deckebufc, & les foldats qui la défendirent furent faits prifonniers.

PEU de jours après que la ville d'Ypres fut inveftie, le ROI fe fit préfenter les plans des travaux qui avoient été faits jufqu'alors, & décida que les troupes monteroient la tranchée avec les drapeaux : ces ordres furent promptement exécutés ; la place fut attaquée fur la droite & fur la gauche ; la premiere fut l'attaque royale, & le Comte de *Clermont* fut chargé de la

---

(*a*) YPRES , jolie, forte & confidérable ville des Pays-Bas , au Comté de Flandre , avec un Evêché fuffragant de Malines, érigé en 1559 par le Pape Paul IV. Les François la prirent en 1678 , & elle fut cédée à la France par le traité de Nimegue. Elle paffa à la Maifon d'Autriche par le traité d'Utrecht, & la garde en fut donnée aux États Généraux. C'étoit autrefois une grande ville très peuplée & très marchande, elle eft dans une plaine fertile, fur le ruiffeau d'Yper , à cinq lieues de Courtrai, fix de Niewport , 9 de Dunkerque , 6 de Lille, & 58 de Paris.

(*b*) CETTE efcorte étoit compofée de cent dragons, & de cent huffards.

SIEGE D'YPRES
rendu le 26 Juin 1744.

feconde. La tranchée ouverte, le R o i ne tarda pas à s'y montrer, parce qu'il avoit déja éprouvé que fa préfence augmentoit le zele & le courage des travailleurs.

LE progrès des travaux fut fi confidérable en peu de tems, que pendant la nuit, qui fuivit immédiatement les fix jours qui s'étoient écoulés depuis l'ouverture de la tranchée, les deux chemins couverts furent attaqués dans le même inftant. Le feu du canon, & de la moufqueterie de la place, quoique terrible, ne diminua rien de la valeur de ceux qui furent employés pour ces attaques : les grenadiers entrerent dans ces chemins couverts avec tant de bravoure & d'intrépidité qu'ils y firent des logemens. Cette journée fut fatale au Marquis de *Beauveau*, puifqu'il fut bleffé mortellement ; mais elle l'eût été beaucoup plus pour lui, fi cet Officier Général courant après la gloire n'eût pas fini fes jours au lit d'honneur. (*c*)

LES deux attaques ayant été réunies, on battit le corps de la place, & l'on fit entrer dans la baffe-ville des mortiers & du canon, qui devoient être en état de faire feu le lendemain : on avançoit avec rapidité l'établiffement de ces deux batteries, qui auroient pû réduire la ville en cendre, lorfque le Gouverneur fit arborer le drapeau blanc ; la valeur des troupes qui compofoient l'armée du Roi, & les foudres de guerre qu'on préparoit pour Ypres, forcerent le Gouverneur à fe rendre. (*d*)

(*c*) LES chemins couverts furent attaqués la nuit du 23 au 24 Juin 1744. Le Marquis de *Beauveau*, Maréchal de camp & Infpecteur de cavalerie, étant à la tête des grenadiers, reçut un coup de moufquet dont il mourut le même jour. Les affiégés eurent un grand nombre de foldats de tués & de bleffés ; on leur fit prifonniers quatre Officiers & 70 foldats. Il y eut des troupes du Roi, environ 300 hommes de tués ou de bleffés.

(*d*) YPRES fut invefti le 16 Juin 1744, le même jour, la Reine de Hongrie fit publier à Bruxelles fa déclaration de guerre contre la France ; on ouvrit la tranchée le 17, le Gouverneur fe rendit le 25, la capi-

tulation fut fignée le 27, & portoit que le Roi accordoit à la garnifon les honneurs de la guerre, 4 piéces de canon & 4 mortiers ; & au Prince de *Heffe-Phillipfthalt*, Gouverneur, deux piéces de canon : la garnifon d'Ypres en fortit le 29, les troupes de cette garnifon défilerent devant le Roi ; SA MAJESTÉ entra dans cette ville le même jour, & les Magiftrats lui en préfenterent les clefs. Les Officiers Généraux qui monterent la tranchée tant que dura le fiége, furent Meffieurs de *Ceberet*, le Marquis *Maubourg*, le Comte de la *Mothe-Houdancourt*, le Marquis de *Fenelon*, le Marquis de *Montboiffier*, le Comte de *Lowendal*,

LES gratifications & les grades militaires, furent les récompenses des Officiers qui avoient payé de leurs personnes à l'attaque des chemins couverts, & le ROI fit distribuer de l'argent aux soldats que ces braves Officiers y avoient commandés. La générosité du Monarque satisfaite, l'humanité & la commisération porterent ensuite ce Prince victorieux, jusqu'à l'Hôpital établi à Boesingue; il y consola les blessés par sa présence, parla aux malades, & recommanda surtout qu'on eût un grand soin de ses soldats.

TANDIS que l'armée chantoit la gloire & les vertus de son Roi, le Duc de *Boufflers* qui avoit reçû les ordres de SA MAJESTÉ, se rendit devant le Fort de la Kenoque; (e) ce Général avoit sous son commandement six compagnies de grenadiers, dix-huit piquets d'infanterie, un détachement de dragons, des mortiers & du canon : la tranchée fut ouverte devant ce Fort; mais ce grand appareil fit bientôt sentir aux assiégés, que la témérité l'emporteroit sur la bravoure, & qu'il y auroit plus de mal à craindre que de bien à esperer, s'ils résistoient longtems; ensorte que le lendemain de l'ouverture de la tranchée, le Commandant capitula.

---

de *Cherisey*, le Comte de *Chabannes*, le Duc de *Gramont*, le Prince de *Pons*, le Comte de *Segur*, le Comte de *Clare*, le Duc de *Biron*, le Marquis de *Basleroy*, de *Zurlauben*, le Comte de la *Riviere*, le Marquis de *Chifreville*, le Marquis de *Pontchartrain*, le Marquis de *Marigane*, le Marquis *d'Hautefort*, de *Mongibault*, le Comte de *Tresmes*, le Marquis de *Jumilhac*, le Duc de *Brissac*, le Comte de *Courtomer*, le Duc de *Boufflers*, le Marquis *d'Avarey*, de *Contades*, & le Comte de *Fuz-James*.

M. de Valliere commanda l'artillerie, & le Comte *d'Aumale* le génie

(e) FORT des Pays-Bas dans la Flandre Autrichienne, entre Ypres & Furnes, à 2 lieues & demie de Dixmude.

CHAPITRE

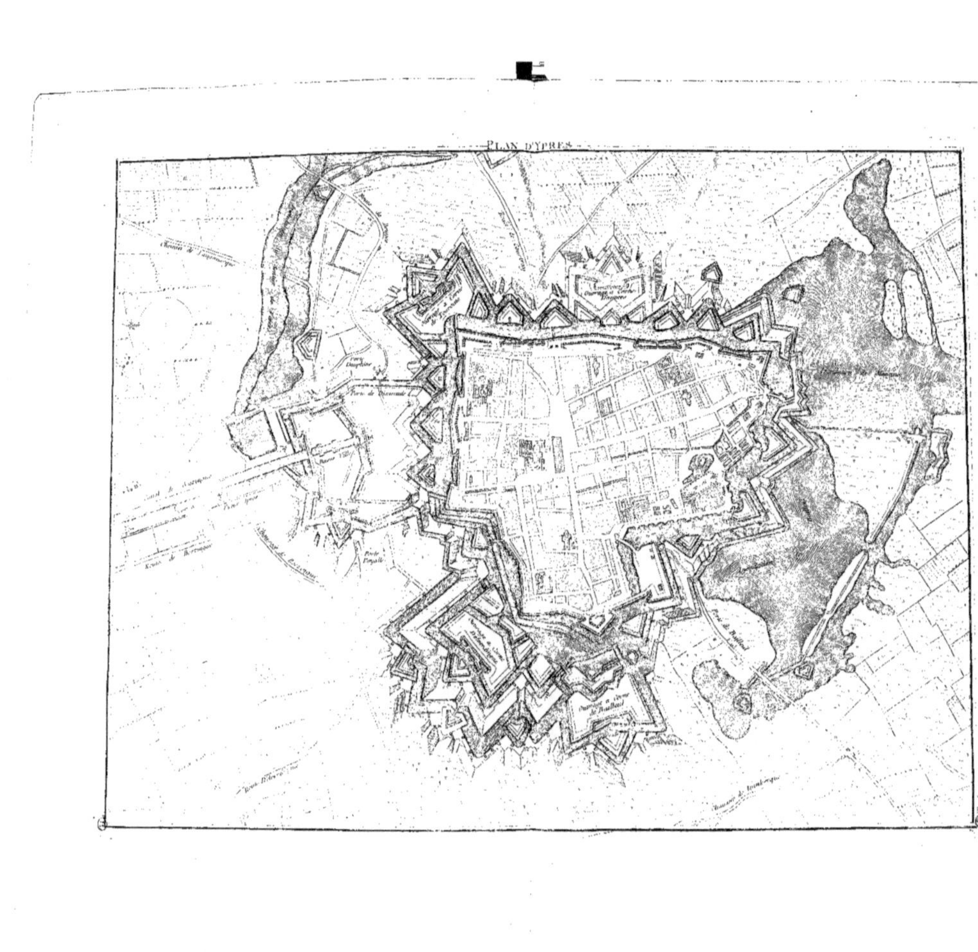
PLAN D'YPRES

Avantages remportés
par le Maréchal de Coigny
a WEISSEMBOUR . le 5.
Juillet 1744 .

CHAPITRE TROISIÉME.

Avantages remportés par le Maréchal de Coigny, à WEISSEMBOURG.

LEs victoires de LOUIS XV. se suivirent de si près, qu'on les attribua autant à la main bienfaisante de la divinité, qu'à l'industrie & au courage de l'homme : une ville avoit à peine capitulé, que le lendemain on aprenoit la défaite d'un parti considérable des ennemis, & chaque jour éclairoit de nouveaux triomphes.

AUSSI-TOST que le Roi fut informé des desseins du Prince Charles de Lorraine, & qu'il eut appris que les ennemis avoient passé le Rhin ; SA MAJESTÉ chargea le Maréchal de *Coigny*, de rassembler les troupes qu'il avoit sous ses ordres : ce Général se mit en marche, & arriva près de Weissembourg (a) où sa prudence l'arrêta ; parce que les ennemis s'en étoient emparés, ainsi que de Lauterbourg, (b) de toute la partie gauche des lignes de la Lauter, & de plusieurs villages de la plaine.

SI les passions sont louables dans un Général, ce n'est que lorsqu'elles tendent à la gloire de son Roi, & au salut de la patrie, comme nous l'apprend en cette occasion, le Maréchal de *Coigny*. Ce Héros animé du désir de voir bientôt les ennemis se repentir de leur témérité, résolut de les attaquer dans tous leurs postes, & dans toutes leurs lignes ; il donna ses ordres pour former trois attaques : le Marquis de *Montal*, le Marquis de

---

(a) WEISSEMBOURG, ville de France en Alsace, au Pays de Wasgaw. Elle étoit autrefois libre & imperiale ; mais elle fut cédée à la France par la paix de Riswick, & Louis XIV. en fit démolir les fortifications. Elle est sur la Lauter, à 4 lieuës de Landaw, 9 de Philisbourg, 13 de Strasbourg & 105 de Paris.

(b) LAUTERBOURG est une petite ville de France, en basse Alsace sur la Lauter, à une demie lieue du Rhin, & 10 de Strasbourg. Il y a entre cette place & Weissembourg des lignes fameuses.

C

Brun, & le Marquis de *Maulevrier*, furent chargés de l'attaque de Weiſſembourg ; le commandement de l'attaque d'un moulin, dans lequel les ennemis s'étoient retranchés, fut donné au Marquis de *Clermont-Tonnerre*, qui avoit ſous ſes ordres le Marquis de *Reffuges*, & le Prince de *Pons* ; le Comte de *Seckendorf* & M. de la *Brunie*, ſe chargerent de la troiſiéme attaque, auſſi redoutable que les deux autres, c'étoit celle du village d'Alſtatt.

LES troupes commandées pour ces trois attaques, marchcrent en même-tems : l'ardeur, le zèle & le courage étoient peints dans les yeux des ſoldats, & ne laiſſoient rien à déſirer aux Officiers qui les commandoient ; mais, quoi de plus intéreſſant pour leur Général, lorſqu'il ſe vit diſpenſé de ſe ſervir du canon qu'il avoit fait avancer devant Weiſſembourg, puiſque ce poſte fut emporté l'épée à la main ! L'attaque du Moulin eut un égal ſuccès, les retranchemens que les ennemis y avoient pratiqués furent renverſés, ils ſe retirerent en déſordre, & avec la plus grande précipitation dans le village d'Alſtatt, où le Comte de *Seckendorf* les attaqua avec tant de fermeté, qu'ils furent contraints de l'abandonner.

LE Maréchal de *Coigny* entra par trois endroits dans les lignes, ce Général vainqueur de ſes ennemis, campa dans la plaine avec toute l'armée ; il appuya ſa gauche au village d'Alſtatt, & ſa droite à la hauteur de Cockzberg : cette action diminua les troupes de la Reine de Hongrie de plus de 3000 hommes, ſix cens furent faits priſonniers dans Weiſſembourg, & l'on y prit deux drapeaux. *(a)*

____

(a) L'ACTION ſe paſſa le 5 Juillet 1744. la perte des François ne fut pas conſidé- | rable, le Marquis de la *Tour du Pin* y fut bleſſé, mais légérement.

SIEGE DE FURNES
le 10. Juillet
1744.

CHAPITRE QUATRIÉME.

Prife de F U R N E S.

LE Comte de *Clermont* ayant été choifi pour foumettre la ville de Furnes (*a*) au pouvoir de fon Roi, s'avança vers cette place, avec les troupes qu'il commandoit, & en fit l'inveftiffe-ment. Ce Prince établit fon quartier à l'Abbaye des Dunes, (*b*) qu'il couvrit d'un corps de troupes en état de repouffer avec fuccès, les détachemens que les ennemis pouroient faire fortir de Niewport ; il appuya fa gauche à la hauteur de l'ancienne Abbaye des Dunes, s'étendit enfuite fur Valpen, & porta fa droite à une maifon fituée près du Pont de Vaeft-Brugge, fur le Canal de Loo, à Niewport.

TELLE étoit la pofition des troupes envoyées pour affiéger Furnes, lorfque le Comte de *Clermont* forma deux attaques devant cette ville ; la principale fut du côté des Dunes, & l'autre par la porte d'Ypres.

LA tranchée ne fut pas plutôt ouverte devant la place, que les travaux furent portés à très peu de diftance de la paliffade & du chemin couvert ; mais plus ces travaux avancerent, plus le feu des ennemis augmenta : après quelques jours de tranchée, & malgré le feu violent des Affiégés, on parvint à l'établiffement d'une batterie de vingt-cinq pieces de canon, &

(*a*) FURNES, ville forte des Pays-Bas, capitale de la Chatellenie de Furnes, dans la Flandre. Elle fut prife par *Robert*, Sei-gneur d'Artois en 1287, par les François en 1488, par les Efpagnols en 1583, par les François en 1672, rendue à la Mai-fon d'Autriche, par les traités d'Utrecht, de Raftadt & de Bade. Elle eft proche la Mer, à 2 lieuës de Niewport, 3 de Dixmude, 5 de Dunkerque, & 64 de Paris.

(*b*) LES Dunes font des collines de fable qui bordent quelques côtes de l'Océan, & qui lui fervent de bornes pour garantir le pays voifin des inondations. On donne particulierement ce nom aux côtes de Flandre, entre Dunkerque & Niewport ; *M. de Turenne* gagna auprès une bataille, en 1658.

de quinze mortiers ; le feu de ces batteries ne rallentit pas fur le champ celui de la place ; les grands périls auxquels les travailleurs fe trouverent expofés , & la mort même de plufieurs d'entr'eux n'ébranlerent point la fermeté de ceux qui refterent : les batteries françoifes furent fi bien fervies , que leur feu fit ceffer en très peu de tems celui de l'artillerie des ennemis ; enforte que les travailleurs n'eurent plus à redouter que la moufqueterie.

L e s travaux furent enfuite portés fi près du chemin couvert , que les Affiégés l'abandonnerent ; les grenadiers en occuperent les angles faillans , & s'y logerent avec la hardieffe qui leur eft naturelle. Les habitans de Furnes, s'apperçevoient déja de la ruine prochaine de leur ville, ils trembloient même pour leur fortune & pour leurs jours ; lorfque le Gouverneur , craignant qu'une plus longue réfiftance ne lui coutât bien cher, fit arborer le drapeau blanc & demanda à capituler.

L e Comte de *Clermont* fufpendit les travaux , & informa le Roi du fuccès de fes armes : ce Prince reçut les ordres de Sa Majefté , & la capitulation fut fignée. (*a*)

Q uelle attention le Monarque n'eut-il pas pour augmenter fa gloire ! femblable à Thémiftocle qui ne pouvoit dormir lorfqu'il penfoit aux triomphes de Miltiade , il envoyoit tous les jours des Aydes de camp , qui lui rendoient compte fucceffivement de l'état des travaux.

(*a*) Investissement de Furnes , le 29 Juin 1744 , la tranchée fut ouverte devant cette place, le 7 Juillet , & le Gouverneur capitula le 11. La capitulation fut, que la garnifon fortiroit avec les honneurs de la guerre , qu'elle emmeneroit 4 pieces de canon , & deux obuts aux armes des Etats Généraux , & qu'elle feroit conduite fur le Canal de Bruges , pour aller enfuite à fon choix au fort de l'Eclufe , ou à Breda. Le 13 , la garnifon fortit de la ville par la porte de Niewport , & défila devant le Roi ; Sa Majefté entra enfuite dans cette ville , & les Magiftrats lui en préfenterent les clefs.

L e s Officiers Généraux qui monterent la tranchée , furent Meffieurs , le Marquis de *Maubourg* , le Marquis de *Segur* , le Duc de *Biron* , le Comte de *Lowendal* , le Comte de *Daulnay* , le Comte de *Chabannes* , le Comte de *Clare* , le Marquis de *Pontchartrain* , le Comte de *Trefmes* , le Marquis de *Contades* , le Duc de *Chevreufe* , le Marquis d'*Avarey* , le Comte de *Fitz-James* , & le Baron d'*Eftrées*.

CHAPITRE

Retranchemens
de Suffelsheim forcés le 23. aoust 1744.
le Prince Charles obligé de repasser
le Rhin.

CHAPITRE CINQUIÉME.

Les Retranchemens de SUFFELSHEIM, forcés.

L'INTÉREST de la patrie exigeant que le théatre de la guerre, où le Roi se proposoit de paroître en personne, fût plus élevé que celui où ses armes venoient d'être victorieuses, il résolut de faire défiler des troupes vers la Moselle. (*a*) Le Duc *d'Harcourt*, à la tête de celles qu'il commandoit, marcha entre la Meuse (*b*) & la Sambre (*c*) ; un détachement de l'armée du Roi se rendit à Metz, le Monarque précéda de quelques jours l'arrivée de ce corps de troupes, & tomba malade. (*d*)

PLUS les trésors sont précieux, plus la crainte de les perdre trouble l'imagination de ceux qui y sont attachés : la maladie du Roi étant devenue serieuse, causa de mortelles allarmes à toute sa Cour ; la tristesse la plus accablante s'empara du cœur de ses Généraux, & la paleur inconnue pour eux couvrit leurs fronts redoutés ; les camps retentirent du cri lugubre des soldats, tout le Royaume enfin eut recours aux prieres & aux larmes.

SI l'on a vu du tems des Grecs & des Romains, une éclipse de soleil ou de lune, troubler des armées entieres, & remplir de terreur & d'effroi l'ame des Commandans, la crainte qu'eurent les François de voir éclipser le soleil qui animoit le cœur

---

(*a*) LA Moselle, riviere de France, qui prend sa source au Mont des Faucilles dans la Vosge, & se perd dans le Rhin auprès de Coblentz.

(*b*) LA Meuse, grande riviere qui prend sa source en France dans le Bassigni, près du village de Meuse, passe dans les Evêchés de Toul & de Verdun, la Champagne, le Luxembourg, le Comté de Namur, les Pays-Bas, & se jette dans l'Ocean, entre la Brille & Gravesende. Le Maréchal de *Vauban*, avoit projetté de faire un canal pour joindre la Moselle à la Meuse, par le moyen d'un ruisseau qui tombe dans la Moselle, à Toul, & d'un autre qui se perd dans la Meuse, au-dessus de Pagny.

(*c*) LA Sambre, riviere de France & des Pays-Bas, qui prend sa source près du village de Novion, en Picardie, & se jette dans la Meuse à Namur.

(*d*) LE ROI tomba malade à Metz, le 8 Août 1744.

D

des foldats , fut inexprimable : leur trouble éclata en longs gémiffemens , les temples faints s'agiterent , les offrandes accablerent les lévites , les portiques furent noyés de pleurs , & l'encens & les larmes porterent au pied du fanctuaire les vœux les plus ardens , & les douleurs les plus vives. Les fanglots ébranlerent le tabernacle facré , la mort s'échapa dans l'abîme , la voix du ROI fe ranima , & ce Monarque reparut plus cher aux yeux d'un peuple qui l'adore.

L'HEUREUX évenement du rétabliffement de la fanté du ROI fit ceffer toutes les allarmes , & les opérations de la guerre continuerent.

APRÉS que les troupes parties de Flandre pour fe rendre fur le Rhin, & que celles qui étoient fous les ordres du Duc *d'Harcourt*, eurent joint l'armée commandée par le Maréchal de *Coigny* ; elles fe mirent toutes en marche , & arriverent au camp de Brumpt , où elles féjournerent ; le Maréchal de *Noailles* détacha enfuite trois corps de troupes compofés chacun de 2000 hommes d'infanterie , & de 1000 chevaux , dont il donna le commandement au Chevalier de *Belleifle* , au Comte de *Lowendal* , & au Comte de *Berchini*. Ces détachemens , envoyés à propos , inquieterent fi fortement l'arriere garde des ennemis , qu'ils fe retirerent à mefure que l'on avança fur eux. Le Comte de *Lowendal* paffant par Drufenhaim , (*e*) que les ennemis avoient abandonné , y trouva quatre pieces de canon , & ce Général y apprit que leur retraite précipitée les avoit forcés de jetter dans la Moter , fept à huit cent fufils , & un nombre confidérable de barils de poudre. Les deux autres détachemens pafferent cette riviere à Kalkenhaufem , & s'avancerent du côté du Fort Louis, (*f*) par Schiren & par Suffelsheim.

(*e*) DRUSENHAIM , petite ville fortifiée d'Alface , fur la Moter , près du Rhin , à 4 lieues de Strafbourg , & 1 lieue & demie du Fort Louis. Les Impériaux la prirent en 1704 , les François , en 1706 , après 2 jours de tranchée ouverte.

(*f*) LE Fort Louis , place forte de France , en Alface , bâtie par Louis XIV. dans une Ifle formée par le Rhin , à 8 lieues de Strafbourg & de Landaw , 12 de Philifbourg , 20 de Brifach , 5 de Weiffembourg , & 107 de Paris.

L E Maréchal de *Noailles* , informé que les ennemis occu-
poient ce dernier poste , & qu'ils y étoient retranchés derriere
des abbatis d'arbres , fit partir auslitôt de nouvelles troupes &
du canon , sous les ordres du Comte *d'Eu* , & du Marquis de
Clermont-Tonnerre , pour soutenir le Chevalier de *Belleisle* & le
Comte de *Berchini* , qui attaquerent les ennemis dans leurs
retranchemens ; les quatre à cinq mille hommes qui les défen-
dirent , commandés par le Prince de *Bade-Dourlach* , ne purent
résister plus d'une heure : ces retranchemens furent emportés
l'épée à la main , & les ennemis poursuivis jusqu'a l'entrée de
la petite plaine , qui separe la forêt d'Hagueneau (*g*) d'avec
Suffelsheim.

C E premier triomphe fut bientôt suivi d'un autre ; le Che-
valier de *Belleisle* rallia ses troupes , la multitude d'ennemis ,
qui étoient dans Suffelsheim , ne l'effraya point ; ce Général
attaqua le village , quoique palissadé , & s'en empara ; un seul
jour suffit à de si glorieux succès.

L E lendemain avant le lever du soleil , l'armée du Roi
commençoit à passer le défilé pour marcher à Bensheim , (*h*)
lorsque les François apprirent que le Prince *Charles* avoit repassé
le Rhin , & brulé ses ponts. (*i*)

(*g*) HAGUENEAU , ville de France , en Alsace , capitale d'un Baillage de même nom , autrefois Impériale : les François la prirent en 1673 , les Impériaux en 1702 , les François en 1703 , les Impériaux en 1704 & en 1705 , après que le Prince *Louis de Bâde* eut forcé les lignes des François , qui la reprirent en 1706. Elle est sur la Moter qui la divise en deux parties , à 5 lieues de Strasbourg , 6 de Bâde , 10 de Landaw , & 102 de Paris.

(*h*) BENSHEIM , petite ville d'Allemagne dans le diocèse de Mayence , sur un ruisseau à 4 lieues de Worms , & 3 d'Armstad.

(*i*) LES troupes de l'armée du Roi , firent des prodiges de valeur dans les deux attaques des retranchemens , & du village de Suffelsheim : ces actions se passerent le 23 Août 1744 : la perte des ennemis monta à plus de 3000 hommes , parmi lesquels on ne comptoit point un grand nombre de prisonniers ; il y eut du côté des François environ 200 hommes tués ou blessés : le *Grand Prieur de France* reçut un coup de fusil dans la cuisse ; M. de *Fremur* , Maréchal de Camp , fût blessé dangereusement , ainsi que M. *Quenault de Clermont* , Maréchal de Camp & Ingénieur , qui mourut ensuite de ses blessures ; M. de la *Serre* , Lieutenant Colonel du Régiment du Roi , Infanterie , fut aussi blessé ; Mrs *Duillet* , Capitaine aux Gardes , *Damfreville* , Lieutenant de Grenadiers , & le Chevalier de la *Coste Messeliere* , Officier dans le même Régiment , furent tués.

CHAPITRE SIXIÉME.

Prife de FRIBOURG.

LES conquêtes de Flandre furent auffi rapides qu'importantes, nul effort ne fut vain, les ennemis déconcertés, reconnurent leur foibleffe, & n'oferent pas fe préfenter à force ouverte ; ils crurent pouvoir entreprendre plus heureufement où le Monarque n'étoit pas, ils furprirent des paffages pour pénétrer dans fes états ; mais la valeur de fes troupes lui donna le tems de voler à leur fecours : ni le regret d'interrompre de fi brillantes conquêtes, ni l'éloignement des lieux, ne purent retenir SA MAJESTÉ, & après avoir échappé aux dangers d'une maladie rigoureufe, qui avoit allarmé tous fes peuples, elle arriva près de Fribourg, (*a*) dont elle fit le fiége.

LE ROI choifit le Maréchal de *Coigny*, pour commander fous lui, & l'armée fut partagée en quatre divifions ; le Marquis de *Montal* commanda la premiere, & les trois autres marcherent fous les ordres du Duc *d'Harcourt*, du Comte de *Clermont*, & du Duc de *Gramont*.

LE Duc *d'Harcourt* s'avança vers le vieux Brifach, (*b*) & s'en empara ; les trois autres Officiers Généraux, à la tête de

---

(*a*) FRIBOURG, grande & très forte ville d'Allemagne, capitale du Brifgaw, fondée en 1120. Elle eft remarquable par fon Univerfité, & par la tour de la grande églife, qui excepté celle de Strafbourg, eft la plus belle de toute l'Allemagne. On y polit très bien le criftal, les grenats, & les autres pierres précieufes. Elle a de bons forts & a fouffert plufieurs fiéges. Le Maréchal de *Crequi* la prit en 1677. Elle fut rendue à l'Empereur par le traité de Rifwick. Le Maréchal de *Villars* la prit en 1713, après un fiége fort opiniatre, elle fut rendue en 1714 : elle eft fur la Trifen, à 4 lieües de Brifach, 9 de Bâle, 12 de Strafbourg, & 100 de Paris.

(*b*) LE vieux Brifach, ville d'Allemagne autrefois capitale du Brifgaw, & Impériale. Les François la prirent en 1638, après un long fiége & plufieurs combats. Elle fut rendue à la Maifon d'Autriche, par la paix de Rifwick, en 1697. Les François la reprirent, en 1703, & la rendirent à la Maifon d'Autriche, par le traité de Bade, en 1714. Elle eft fur le Rhin, à 12 lieües de Strafbourg, & 11 de Bâle.

leurs

SIEGE DE FRIBOURG
et des Chateaux, rendus le
26. 9bre 1744.

leurs divisions arriverent succeffivement devant Fribourg, qui fe trouva entiérement invefti. (*c*)

APRÉS que les troupes deftinées à former le fiége, eurent pris une pofition certaine ; le Maréchal de *Coigny* allá reconnoître la ville ; rien n'échappa aux lumieres ni à l'expérience de ce Général, pour les difpofitions d'une fi grande entreprife ; fur le recit qu'il fit au ROI, SA MAJESTÉ décida que cette place feroit attaquée du côté de la riviere de Trifen & de la porte de Suabe, afin d'embraffer par cette attaque, le baftion de S. Pierre, celui du Roi & celui de la Reine : on fit occuper la chapelle des Milles, & l'on établit une communication de la droite de l'attaque, jufqu'aux poftes les plus éloignés de la gauche ; mais quels obftacles ne fallut-il pas furmonter ?

COMME la riviere de Trifen paffoit entre la place, & l'endroit où l'on avoit déterminé de commencer l'attaque ; il fallut ouvrir un canal pour détourner le cours de cette riviere, & pour la fureté de ce canal, conftruire de diftance en diftance des redoutes, & pratiquer des communications entre les ouvrages.

SA MAJESTÉ voyant que cinq jours entiers de travail n'avoient pû rendre le canal en état de recevoir les eaux de la riviere, refolut de s'en fervir pour former une premiere parallele ; quelques ouvrages furent enfuite pouffés plus loin pour communiquer à une feconde parallele ; les troupes monterent la tranchée en corps de régimens, & elles y arborerent les drapeaux. (*d*)

SI la perféverance eft ue vertu par laquelle le guerrier magnanime perfifte dans les entreprifes, qui tendent à défendre la patrie confiée à fes foins, combien doit-on admirer celle du Monarque des François ; puifqu'il ne fut rebuté, ni par la longueur du tems, ni par l'effroi des dangers, qui s'oppoferent à la confommation de fes glorieux projets.

Que de troupes ne fallut-il pas employer, pour vaincre la réfiftance des ennemis ! Douze bataillons & fept compagnies de Dragons, commandés par un Lieutenant Général & un Maréchal

(*c*) LE 19 Séptembre 1744. | (*d*) LE 30 Séptembre 1744.

E

de Camp, monterent d'abord la tranchée, qui ne fut enfuite relevée que par dix bataillons, avec le même nombre de compagnies de Dragons ; on ajouta feulement aux Officiers Généraux qui y commandoient, un fecond Maréchal de Camp, afin qu'il y en eût un à la droite, & un autre à la gauche.

Pendant les premiers ouvrages de l'attaque, on travailla à l'établiſſement des batteries : la plus grande partie eut été en état de faire feu peu de jours après, fi Sa Majefté n'eût pas décidé qu'il feroit plus avantageux de les faire tirer toutes enfemble.

Aprés que ces batteries furent placées comme on l'avoit défiré, leur feu rallentit bientôt celui des Affiégés ; les batteries de la ville & celles du fort, connu fous la dénomination de l'Efcargot, furent démontées, & les ennemis ne tirerent plus que des châteaux.

La force des eaux, que les pluies continuelles augmenterent de jour en jour, endommagea la digue qui avoit été conſtruite pour détourner le cours de la riviere ; le travail redoubla, cet obftacle fut furmonté & ne retarda point les ouvrages contre la place : on paſſa la riviere avec le fecours de plufieurs ponts, fur des chevalets, & l'on fit avancer des fappes près du chemin couvert.

Que de vertus Sa Majefté ne fit-elle pas paroître pendant ce fiége ! fi la conſtance eft une fermeté de cœur dans l'ame des Héros, qui les rend incapables de fe négliger, ou de les faire paſſer d'une réfolution à une autre ; le Monarque conſtant & vertueux, & fes Généraux prudens & habiles, furent inébranlables, ils ne fléchirent point, & continuerent toujours fur le même plan, fans s'épouvanter du travail, & fans s'affoiblir à la vuë des obftacles qu'ils rencontrerent.

Les deux forties, que les Affiégés tenterent en même-tems fur les deux attaques, ne leur réuffirent pas ; (e) les Grenadiers allerent au fecours des travailleurs, & repouſſerent les ennemis

____

(e) Ces deux forties fe firent pendant | la nuit du 14 au 15 Octobre 1744.

jufqu'à leurs paliffades ; ces derniers firent alors du chemin couvert & du rempart un feu continuel de moufqueterie , & jetterent une fi grande quantité de bombes dans ce terrein rempli de pierres , que beaucoup de François furent tués & bleffés. (*f*)

L E S travaux des differentes fappes , ayant été portés à très peu de diftance du chemin couvert , on crut pouvoir l'attaquer ; une nuit obfcure (*g*) fembloit favorifer ce noble projet ; mais il furvint une pluie fi confidérable , qu'on ne put s'occuper, même le jour fuivant , qu'à perfectionner les ouvrages.

L O R S Q U E tout parut bien difpofé pour l'attaque des angles faillans du chemin couvert , le débordement de la riviere de Trifen , entraîna les ponts que les François avoient conftruit : malgré cet accident , qui fépara du refte de la tranchée les grenadiers & les piquets , ces angles faillans furent attaqués avec tant d'ardeur & de courage , (*h*) que les ennemis plierent fous les efforts des Affiégeans.

L A valeur eft une des parties principales qui rendent l'homme magnanime , & cette vertu convient parfaitement aux Généraux d'armées ; mais la force du corps , l'adreffe & la générofité , font également néceffaires : le courage tient contre les apparences du péril , en affermiffant le cœur ; la force & la fanté du corps fervent de bras, pour exécuter les projets les plus difficiles ; l'adreffe foutient le courage & la force , enfin la générofité raffemble toutes ces qualités différentes pour les réduire en pratique.

L E S François ne fe contenterent pas d'avoir chaffé les ennemis de leurs ouvrages , ils y établirent un logement ; ni le feu continuel de la moufqueterie , ni les bombes qui firent encore perir quelques Ingénieurs & un grand nombre de foldats , ne rallentirent point leur zèle.

(*f*) L E Chevalier de *Courtomer* , le Marquis *d'Avernes* , Lieutenant au régiment des Gardes Françoifes , deux Ingénieurs & quelques Officiers furent tués.

(*g*) C'É T O I T la nuit du 17 au 18 Octobre.

(*h*) L E 19 Octobre , à 10 heures du foir.

C E logement ne fut pas plutôt établi, que les Affiégés revinrent occuper les deux angles rentrans de la droite & de la gauche ; ils y furent attaqués (*i*) par le régiment des Gardes & celui du Roi, qui étoient fous les ordres du Marquis de *Reffuges*, du Comte de *Trefmes*, & du Marquis de *Contades* ; cette attaque, où toutes les troupes donnerent les plus grandes marques de valeur, eut autant de fuccès que la précédente, & les ennemis furent forcés d'abandonner le chemin couvert.

L'ACTION finie, on ne s'occupa plus qu'à pratiquer des logemens de traverfe, & à perfectionner les autres : les ponts renverfés une feconde fois par la force des eaux, & la fonte des neiges furent rétablis, & l'on forma une nouvelle parallele.

A P R É S que les François furent les maîtres abfolus du chemin couvert, ils attacherent le mineur aux ouvrages de la contref-carpe, découvrirent deux fougaffes, continuerent la derniere parallele, & placerent auffi avantageufement qu'ils le defirerent, les batteries qui devoient battre en breche le corps de la place.

T O U T E S ces grandes & belles opérations furent faites, malgré la vigoureufe réfiftance des ennemis, le mauvais tems, & tant d'autres difficultés qui fe multiplierent de jour en jour ; mais plus les travaux de la guerre font penibles, plus les fuccès font glorieux.

L E Maréchal de *Coigny* rendoit compte au Roi tous les jours du progrès des travaux, & en recevoit les ordres : les eaux devenues baffes, (*k*) on fçut profiter habilement de cette heureufe circonftance, on fit paffer de l'autre côté de la riviere du canon, des pierriers & des mortiers pour répondre & pour impofer à ceux des Affiégés ; d'autres batteries furent établies contre les faces du baftion du Roi, contre celles de la demi-lune, & contre chaque flanc : mais dans le même tems une

(*i*) L E 20 Octobre, à 8 heures du foir.

(*k*) L E S eaux devinrent baffes le 25 Octobre, le lendemain 26, le Prince de *Soubife* étant de tranchée, une pierre lui caffa le bras, il fut tranfporté au quartier général, le Roi en fut touché, & l'alla voir le lendemain.

du

bombe jettée avec adreſſe par les Aſſiégés , enfonça une gallerie du travail des mines que les Aſſiégeans avoient deſtinées pour faire ſauter la contreſcarpe.

Les François ne jouirent pas longtems de la diminution des eaux ; une pluie abondante augmenta conſidérable-ment la riviere ; la digue , la tête du canal , & tous les ponts, qu'ils avoient déja tant de fois rétablis, furent empor-tés : les efforts redoublerent , les ponts furent reparés , & ce facheux événement , n'empêcha pas nos guerriers audacieux , de s'approcher des châteaux où le canon avoit fait bréche.

Tout annonçoit un triomphe éclatant, & le feu des ennemis devenoit plus terrible , lorſque l'intrépidité conduiſit le Monar-que à la chapelle des mille , pour reconnoître les ouvrages de la tranchée, (*l*) & le progrès des batteries qui battoient en bréche : Sa Majesté viſitant les travaux, s'apperçut que les deſcentes du foſſé de la gauche étoient fort avancées ; enſorte qu'elle décida que celles de la droite , qui avoient été aban-données, ſeroient repriſes, & que le travail des mines qui avoit été derangé, ſeroit reparé.

Les ordres du Roi ponctuellement exécutés , les batteries furent établies ſur le chemin couvert : à peine eurent-elles com-mencé à battre en bréche , que le feu des ennemis redoubla , & qu'ils démaſquerent une nouvelle batterie , qui fit un feu continuel ſur celle des François , & ſur leurs ouvrages.

Les nouvelles forces des Aſſiégés , n'empêcherent pas l'ar-tillerie du chemin couvert , de faire deux bréches au baſtion du Roi , ni pluſieurs compagnies de grenadiers d'y monter ; (*m*) mais une pluie exceſſive ayant retardé l'arrivée des travailleurs, & le feu que les ennemis firent de leurs remparts étant trop violent , nos intrépides guerriers ne purent demeurer longtems dans ce baſtion ; il fallut les en retirer , & l'on ne put enſuite ſe loger que dans une des demi lunes de la place.

(*l*) Le Roi alla le 29 Octobre, à la chapelle des mille.

(*m*) C'étoit la nuit du 2 au 3 No-vembre.

F

Ce Logement établi, le Maréchal de *Coigny* alla reconnoître la ville, & informa le Roi de toutes les opérations de ce siége fameux ; SA MAJESTÉ ordonna à son Général, d'étendre le front de l'attaque, d'embrasser le bastion de la Reine, & de le battre en bréche, tandis qu'on élargiroit par d'autres batteries les deux bréches du bastion du Roi, afin de les rendre praticables, pour un nombre de troupes plus considérable, que celui qu'on y avoit déja fait monter.

Le Maréchal de *Coigny* retournoit à son quartier, pour y publier les ordres du Monarque, & les faire exécuter, lorsque le Gouverneur de Fribourg lui envoya un Officier, pour lui proposer de suspendre toutes hostilités, jusqu'au retour d'un courier qu'il désiroit d'envoyer à Vienne ; cette proposition fut rejettée ; la constance du Maréchal de *Coigny*, jointe à la fermeté de son esprit, & soutenue par l'expérience, ne lui permirent pas de prendre le change, ni de passer d'une résolution à une autre, au préjudice des ordres qu'il avoit reçus de son Roi.

Le feu des batteries Françoises alloit recommencer ; mais le Gouverneur de Fribourg, hors d'état de résister plus longtems, fit arborer le drapeau blanc sur la bréche : ce Commandant fut présenté au Monarque victorieux, qui le reçut avec les marques de cette bonté, qui lui concilie l'amour de ses peuples ; & les articles de la capitulation furent ensuite dressés & signés chés le Roi. (*n*)

(*n*) Le 5 Novembre, le Gouverneur de Fribourg arbora le drapeau blanc ; la capitulation fut dressée & signée chés le Roi, le 6. Il fut convenu par cette capitulation que la ville de Fribourg seroit remise sur le champ au pouvoir de Sa Majesté, avec l'artillerie & les munitions de guerre qui s'y trouvoient, que les malades & blessés seroient prisonniers de guerre, que le surplus de la garnison se retireroit dans les châteaux, entre lesquels & la ville il y auroit une suspension d'armes de quinze jours, pour attendre le retour d'un courier que le Gouverneur envoyeroit à Vienne, pour y prendre les ordres de la Reine de Hongrie.

Les châteaux de Fribourg se rendirent le 25 Novembre, & la garnison fut prisonniere de guerre.

Les Officiers Généraux qui commanderent la tranchée pendant le siége, furent M^{rs}. le Duc de *Biron*, le Comte de *Lowendal*, le Marquis de *Brun*, le Marquis de *Reffuges*, le Marquis de *Basleroy*, le Comte de *Chabannes*, le Duc de *Boutteville*, le Duc de *Richelieu*, le Comte du *Chatelet-*

CET augufte Héros , après avoir vainçu la mort dans la ville de Metz , & fes ennemis au fiege de Fribourg , revint dans fa capitale , où il fut reçu avec les honneurs du triomphe qui lui avoient été préparés ; fon arrivée fut célébrée par des acclamations , qui exprimoient la fatisfaction publique : Tout refpiroit la joye , le commerce fut fufpendu , les tribunaux interrompirent leurs fonctions , les boutiques des artifans furent fermées pendant plufieurs jours , & les fpectacles ouverts à tous les états ; enfin des arcs de triomphe furent élevés à l'honneur du Monarque , & tous fes Sujets , que l'amour , le zéle & le repect attachent à leurs Princes , fembloient fe difputer , à la fois & à l'envie les uns des autres , la gloire d'avoir été les premiers , qui lui euffent donné le furnom de LOUIS LE BIEN-AIMÉ.

VOILA , comment les cœurs François firent éclater leur joie , tout le tems qu'ils poffederent SA MAJESTÉ dans la capitale , quel fut le fuccès de la premiere campagne , & tout ce qui fe paffa en Flandre , fur le Rhin & en Allemagne , tandis que l'Infant *Dom Philippes* & le Prince de *Conti* agiffoient contre les Piémontois. Quoique ces peuples euffent fortifié toutes les avenues de leur pays ; quoiqu'ils euffent fait des retranchemens de pofte en pofte , dans les vallées de Sture , de Mayre , de Château-Dauphin , & des barricades depuis le Fort de Demont , le long du Var , fur les montagnes de Nice & de Montalban ; quoiqu'ils fuffent pourvus d'une nombreufe artillerie , qu'ils euffent rompu les paffages , accumulé dans les pentes des mon-

---

Lomont, le Marquis de *Rieux* , de *Sallieres* , le Marquis de *Clermont-d'Amboife* , le Marquis de *Croiffy* , le Duc de *Boufflers* , le Duc de *Chartres* , le Marquis de *Montal* , le Marquis de *Balincourt* , le Marquis de la *Farre* , le Marquis de *Clermont-Tonnerre* , le Marquis de *Louvigny* , le Comte de la *Riviere* , le Comte de *Maulevrier* , le Marquis de *Jumilhac* , le Comte de la *Mark* , le Comte de *Courtomer* , le Duc de *Randan* , le Comte de *Trefmes* , le Marquis de *Contades* , le Duc de *Briffac* , le Marquis de *Beuvron* , le Marquis de *Montconfeil* , le Marquis de *Rubempré* , le Comte d'*Harcourt* ; le Duc d'*Aumont* , le Duc d'*Ayen* , le Prince de *Soubife* , le Duc de *Picquigny* , *Duchanbon* , *Degault* , de la *Bruaie* , le Marquis de *Courtebourne* , le Chevalier de *Beaumont* , le Chevalier de *Saumery* , le Comte de *Razilli* , le Marquis de *Danlezi* , & le Marquis de *Fremeur*.

tagnes, une quantité prodigieuſe de pierres, à deſſein d'écraſer les troupes Françoiſes & Eſpagnoles ; quoiqu'ils fuſſent campés le long du Var , ſoutenus de la flotte Angloiſe , & qu'enfin la force , l'art & la nature s'oppoſaſſent au paſſage de l'Infant *Dom Philippes* & du Prince de *Conti* ; on verra néanmoins dans le livre ſuivant , que ces deux Princes ſurmonterent tous ces obſtacles , qu'ils remporterent des victoires ſignalées , & qu'ils ſoumirent pluſieurs places à leur pouvoir.

Fin du Premier Livre.

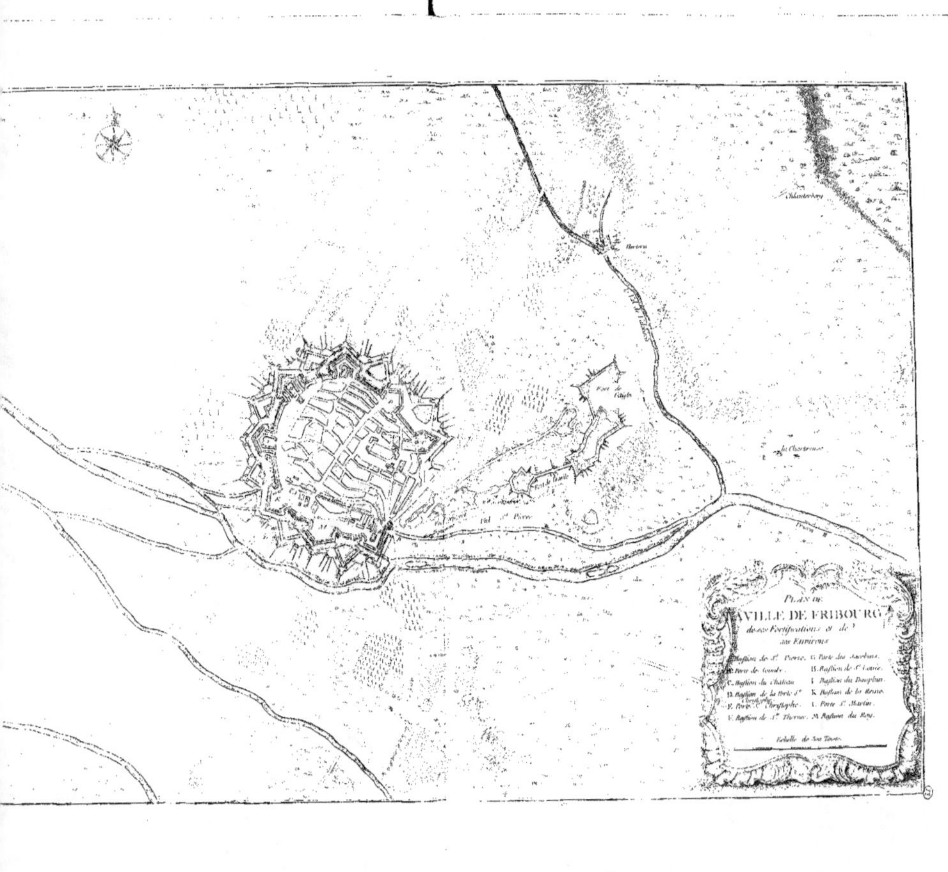

PLAN de la
VILLE DE FRIBOURG
de ses Fortifications et de
ses Environs

A. Bastion de S.t Pierre.   G. Porte des Jacobins.
B. Porte de Lausane.   H. Bastion de S.t Lucie.
C. Bastion du Château.   I. Bastion du Dauphin.
D. Bastion de la Porte S.te   K. Bastion de la Reine.
   Christophe.
E. Porte S.t Christophe.   L. Porte S.t Martin.
F. Bastion de S.te Therese.   M. Bastion du Roy.

Echelle de 300 Toises.

HISTOIRE
DES
CONQUESTES
DE
LOUIS XV.

LIVRE SECOND.

CAMPAGNE DE 1744. EN ITALIE.

Avant de parler des opérations militaires qu'on vit en Italie pendant la campagne de 1744, il est à propos de rapporter ce qui se passa sur la Mer Méditerannée, entre les Escadres de France jointes à celles d'Espagne, & la fameuse Escadre Angloise commandée par l'Amiral *Mathews*.

Le Combat naval, dont on se propose de faire la narration, contient des faits extrêmement intéressans ; on peut les considérer comme le prélude des hostilités sur terre, qui en ont été la suite ; on y reconnoîtra que l'expérience, la bonne

G

manœuvre, & les heureux fuccès des Généraux qui comman-
doient les Efcadres de France & d'Efpagne, ont juftifié leur
conduite. Quoique celle d'Angleterre les furpaffât en nombre
de vaiffeaux, & qu'elle en eût plus de trente de haut bord,
commandés par un Amiral vertueux & fort expérimenté, les
François & les Efpagnols eurent cependant la gloire, d'em-
pêcher les Anglois de réuffir dans leurs deffeins ; ils furent
même contraints de repaffer le détroit de Gibraltar, & d'aller
chercher dans l'Ocean à s'indemnifer des frais d'un armement
fi confidérable.

COMBAT NAVAL
donné sur la Mer
Mediterrannée le 22 fevrier
1744.

CHAPITRE PREMIER.

Combat Naval.

LA difposition du tems eft toujours effentielle à la navigation, foit par rapport aux vaiffeaux qui courent les mers pour y combattre leurs ennemis, foit pour y écumer les navires marchands faifant leur route, foit enfin qu'ils ayent été armés pour des voyages de long-cours : dans tous les cas, on doit être en défiance & fe tenir en garde fur un élément auffi inconftant que perfide.

LES Commandans des efcadres de France & d'Efpagne, attendoient avec impatience un vent propre à faire voile, pour joindre & pour attaquer celle d'Angleterre, lorfque celui d'Eft leur paroiffant favorable, les détermina à fortir du fameux port de Toulon. (*a*) Quelque bonne que fût leur manœuvre, ils ne purent approcher les ennemis le premier jour ; ceux-ci guidés par la prudence & le génie ordinaire des Anglois dans la navigation, voulurent gagner le large, afin de temporifer : le vent tomba, & le calme qui lui fuccéda ayant continué jufqu'au lendemain, obligea les deux Commandans de paffer tout le jour en Panne, (*b*) & de demeurer dans l'inaction en préfence de leurs ennemis.

L'AMIRAL *Mathews*, favorifé par un vent frais furvenu tout-à-coup, & qu'il avoit attendu, fe difpofa au combat ; ce Général après avoir rangé fes plus gros vaiffeaux fur une ligne, détacha ceux qu'il avoit deftinés pour le corps de bataille, & pour fon avant garde.

LE foleil entroit au milieu de fa courfe, lorfque les Anglois

______

(*a*) SORTIE du Port de Toulon, le 20 Février 1744.

(*b*) EN Panne, c'eft difpofer deux voiles oppofées l'une à l'autre, enforte que le vent arrête le vaiffeau, & le tient comme fufpendu fur l'onde, fans qu'il puiffe changer de place.

commencerent un combat naval , (*c*) d'une affés grande impor-
tance pour faire bouillonner le fang à des hommes fouvent avides
d'une forte de gloire , dont le pillage qui eft en ufage fur mer,
fait toute la perfpective. (*d*)

L E S ennemis attaquerent l'Efcadre Efpagnole que le change-
ment du vent avoit déforientée ; comme elle n'étoit plus appuyée
par celle de France, cinq vaiffeaux Anglois profiterent de leur
féparation , attaquerent par le feu du canon le plus vif le vaiffeau
le *Réal* & les navires de fa divifion , tandis que trois autres
gros vaiffeaux prirent en flanc le *Terrible* ; M. *Decourt* qui
le montoit, en qualité de Vice-Amiral Commandant des Efca-
dres de France, joignit à fa prompte manœuvre, le feu de cent
pieces de canon qu'il avoit en batteries ; il répondit aux ennemis
par deux bordées qu'ils effuyerent coup fur coup , fans avoir le
tems de changer de manœuvre, en virant de bord ; & il leur fit
connoître que le nom de *Terrible* que portoit fon vaiffeau, lui
convenoit parfaitement, puifqu'ils ne purent refter plus longtems
par fon travers , & qu'ils furent contraints de gagner le large.

P E N D A N T que l'Amiral *Mathews* fe livroit entiérement à
l'ardeur du combat contre le *Réal* , le Commandant François
fit à fon avant garde les fignaux pour virer de bord, (*e*) afin
de foutenir ceux de l'Efcadre d'Efpagne que les Anglois avoient
fait deriver à l'arriere garde ; mais ayant auffitôt réflechi qu'il
étoit fous le vent , dans une pofition fort éloignée , & que la
fumée dont l'air étoit tout obfcurci , empêcheroit fon Vice-
Amiral d'appercevoir fa manœuvre, ce Général prit le parti
d'aller lui-même avec fa divifion fecourir ce vaiffeau de trois
ponts & demi.

L E mouvement du Général François fe fit avec la rapidité de

(*c*) C E Combat Naval fe donna le 22
Février 1744.

(*d*) L A plupart des gens de mer s'em-
barquent, dans l'efperance qu'on leur per-
mettra d'aller à bord des prifes qu'on y
fera.

(*e*) V I R E R de bord , c'eft changer
la barre du gouvernail, & les amûres des
voiles d'un côté à l'autre , pour faire
prendre au vaiffeau une route oppofée
à celle qu'il tenoit.

l'éclair.

le feu de cent canons joint à celui de toute la moufqueterie dont il étoit bien pourvû, & capable d'épouvanter les plus intrépides marins, rallentit tout à coup la vivacité de la manœuvre Angloife & força les ennemis d'abandonner un galion du premier rang, dit *le Poder*, qu'ils venoient d'enlever : ce vaiffeau démâté, tout dégréé & prêt à couler bas, avoit amené fon pavillon, & les Anglois l'avoient déja amariné. (*f*) Si la fortune parut favorifer les ennemis, ils s'apperçurent bientôt après qu'il n'étoit pas encore tems de chanter leur victoire, & rabbatirent beaucoup de leur fierté, dès qu'ils virent l'Amiral *Mathews* prendre le large pour éviter le feu qui partoit du *Real*, depuis que le Général François étoit venu au fecours de ce galion.

C E combat, naval, qu'on doit confidérer, comme l'un des plus mémorables de la Mer Méditerranée, ceffa entre cinq & fix heures du foir ; l'Efcadre de France couvrit celle d'Efpagne le refte du jour & pendant toute la nuit fuivante : M. *Decourt* envoya fans perdre un feul moment des calfats & des charpentiers à *Dom Navarro*, le befoin qu'il en avoit étoit preffant ; ce Général Efpagnol moins occupé des bleffures qu'il avoit reçûes que d'une inquiétude auffi jufte que bien placée de voir qu'il entroit dans fon vaiffeau beaucoup plus d'eau qu'on n'en pouvoit vuider par les pompes & par les puits, fit travailler nonfeulement tout fon équipage, mais même tous fes Officiers : il fallut donc en étancher les voies, & boucher les trous de ce vaiffeau que les coups de canon à fleur d'eau lui avoient fait ; il fallut auffi radouber le corps d'un navire percé de toutes parts, le ragréer de fes voiles, de fes cordages, & de tous fes apparaux endommagés & coupés dans le combat, tant par les boulets ramés (*g*) que par les chaînes & les lingots de fer.

(*f*) A M A R I N E R un vaiffeau, c'eft y envoyer de la part du vaiffeau victorieux, des Officiers & des Matelots pour le manœuvrer, & ramener ceux du vaiffeau qui s'eft rendu pour les emprifonner dans le fond de Calle du navire qui l'a enlevé.

(*g*) B O U L E T S à deux têtes, il en eft dont les maillons fe déployent en fortant du canon.

L'Aurore commençoit à décorer les poupes, les voiles, & les pavillons de tous les navires qui compofoient les trois Efcadres ; lorfque le Commandant de celle de France fut averti par le canon du *Grand Hercule*, galion du premier rang, du rifque où il étoit d'être pris par trois navires Anglois. Ce vaiffeau Efpagnol tombé malheureufement, dans l'obfcurité de la nuit, parmi ceux des ennemis qu'il croyoit des vaiffeaux de fon Efcadre, alloit fuccomber fous leurs coups, fi l'Amiral de celle de France n'eût pas fait vent arriere pour le dégager. Ce mouvement auffi fubit qu'il étoit à propos, n'empêcha point ce Général, préfent à tout ce qui fe paffoit dans des opérations toujours accompagnées d'horreur & de tumulte fur un élément déja affez terrible, d'arriver fur le vaiffeau le *Poder* que les Anglois avoient enlevé & qu'ils furent contraints d'abandonner. Le Commandant François fauva ceux que les ennemis y avoient envoyés pour le manœuvrer, les trois à quatre cent Efpagnols qu'ils tenoient prifonniers dans le fond de calle, recouvrerent leur liberté ; ils feroient tous miférablement péris dans ce navire qui couloit bas, parce que l'ardeur du pillage avoit tellement préoccupé les Anglois qui l'avoient amariné, que ces gens avides n'avoient pas étanchés les voies d'eau que leurs canons y avoient faites.

Aprés que M. *Decourt* eut fauvé de ce navire, nonfeulement les Efpagnols fes alliés, mais encore fes ennemis, qu'un Commandant généreux & françois ne laiffe jamais périr quand il les a vaincus, il y fit mettre le feu.

L'Équipage du *Malboroug*, autre gros navire de trois ponts de l'Efcadre Angloife, n'eut pas le même avantage, ce vaiffeau fut coulé à fond : un brulot Anglois manœuvré pour arriver vent arriere fur le *Real*, dans le deffein de l'accrocher & d'y mettre le feu, eut le même fort ; le feu prit à fes poudres, il fauta en l'air & fit enfuite un trou à la Mer : plufieurs autres gros vaiffeaux de l'Efcadre Angloife fe retirerent au large, tant parce qu'ils avoient été extrêmement maltraités, que parce qu'un grand nombre d'Officiers fubalternes , de foldats & de matelots y avoient été mis hors de combat.

TELLE étoit la pofition des trois Efcadres , lorfque celles de France & d'Efpagne obligerent l'Amiral *Mathews* de reprendre le large ; la manœuvre des François & des Efpagnols les porta de conferve dans la route qui devoit les conduire aux ports où chaque Efcadre avoit ordre de fe rendre.

LES circonftances de ce fameux combat naval démontrent avec éclat la valeur & l'expérience de M. *Decourt* , auffi-bien que la bravoure & l'intrépidité de *Dom Navarro.*

LES Anglois voulurent encore tenir la Mer ; malgré le défavantage qu'ils y avoient eu , ils refterent dans les parrages des côtes d'Efpagne : leur but étoit d'écarter par leurs defcentes les troupes qui y pouvoient foutenir l'Infant *Dom Philippe* , à l'attaque des places où il vouloit pénétrer ; mais l'Amiral *Mathews* n'eut pas de plus heureux fuccès fur ces côtes ; il en fut chaffé par le canon des forts qui lui firent prendre le large vers le Port Mahon.

CHAPITRE SECOND.

Dom Philippe & le Prince de Conty, *s'emparent du Comté de Nice, forcent les Retranchemens des Pi émontois, & se rendent maîtres de* VILLE-FRANCHE *& de* MONTALBAN.

SI le François, pendant la paix, est un lion endormi qu'il ne faut pas réveiller, disoit le vertueux Prince *Eugene* à l'Empereur *Charles V I*, avant de commencer la guerre; que ne dira-t'on pas de l'Espagnol si difficile à vaincre après la lui avoir déclarée ?

ON aime, ou plûtôt on admire les héros magnanimes qui se laissent transporter à l'amour des belles actions, & au désir d'aller chercher dans les combats la gloire d'immortaliser leur noms; c'est ce que l'on a vû en Italie pendant cette campagne.

LE ROI, étant informé des hostilités exercées par les Anglois sur les côtes de Provence & d'Italie qu'ils inquiétoient, par les descentes de l'Amiral *Mathews*, SA MAJESTÉ donna au Prince de *Conty*, le commandement des troupes qu'elle faisoit assembler en Provence. (*a*)

CE Héros semblable à ceux dont on vient de peindre le caractere, s'étant rendu à Aix, fit la revûe des troupes confiées à ses vertus; il marcha à leur tête, & joignit bientôt celles qui étoient commandées par l'Infant *Dom Philippe* : ces deux Princes agissant de concert, passerent le Var (*b*) en pré-

---

(*a*) LES Officiers Généraux qui servirent sous le Prince de *Conty*, furent le Marquis de *Maulevrier Langeron*, le Marquis de *Senneeterre*, le Comte de *Lautrec*, le Bailly de *Givry*, le Marquis du *Cayla*, & le Comte de *Danois*, Lieutenans Généraux; le Marquis de *Mirepoix*, Mr de *Villemur*, le Marquis *d'Argouges*, le Marquis du *Chatel*, le Marquis de *Bissy*, le Chevalier de *Courten*, & Mr de *Larnage*, Maréchaux de Camp.

Le Marquis de *Maillebois*, fut le Maréchal Général des Logis de l'Armée : le Comte de *Tirconel*, Maréchal des Logis de la Cavalerie, & M, *Chauvelin*, Major Général de l'Infanterie.

(*b*) PASSAGE du Var le premier Avril 1744. Riviere qui sépare la France de l'Italie. Elle a sa source au Mont Cemelione dans les Alpes, & se jette dans la Mer Mediterranée, à une demie lieue de Nice.

fence

Dom Philippes et
et le P.ce de Conty, forcent les
retranchemens des Piedmontois, et se
rendent maitre de Villefranche et de
Montalban le 20 Avril.
1744

fence des Anglois & des Piémontois, ils s'emparerent du Comté
de Nice , (c) & environnerent ensuite les retranchemens de
Ville-Franche & de Montalban. (d)

Aprés que pour la sureté & le succès de l'attaque de ces
ouvrages , & que pour se garantir des entreprises de l'Amiral
Mathews, les postes eurent été bien établis ; l'armée combinée ,
fut divisée en sept colonnes ; deux de ces colonnes, forcerent
en peu de tems le retranchement qui défendoit la gorge de
Ville-Franche , & s'assurerent de deux batteries dont elle étoit
flanquée ; ce retranchement fut emporté l'épée à la main , &
tous les Piémontois qui s'opposerent aux desseins des deux
Princes , qui couroient à la gloire , furent faits prisonniers. (e)

Loin que ce premier triomphe pût rallentir un courage
qui commençoit à se produire , les difficultés du terrein rani-
merent au contraire les Princes & leurs troupes d'une ardeur
nécessaire , pour pénétrer jusqu'à l'intérieur des derniers retran-
chemens : les entreprises de ces Héros furent considérées par
les Alliés , & par les François mêmes , comme des projets dont
les succès étoient problématiques , vains préjugés dont il fallut
bientôt revenir.

Les formidables barrieres des ennemis, & la hauteur con-
sidérable des postes qu'ils occupoient , fortifiés par la nature
& par l'art , ne servirent qu'à signaler davantage la valeur des
deux Princes & le courage des troupes qu'ils commanderent :
les Piémontois furent chassés de leurs retranchemens ; mais un
ravin impraticable qu'il fut impossible de franchir, servit de bor-
nes à la rapidité de leurs mouvemens : ceux que le Roi de Sar-
daigne fit en même tems du côté de Sofpel , (f) détermine-

(c) Le Comté de Nice , contrée située
entre le Marquisat de Saluces , le Piémont ,
la Méditerranée & la Provence. Elle a
environ 13 lieues de large sur 18 de long.
C'est un fort beau Pays & bien fertile.

(d) Ce fut le 12 Avril.

(e) Cette action commença la nuit
du 19 au 20 Avril, le Comte de *Suze* qui
commandoit en chef le troupes Piémon-
toises fut fait prisonnier , ainsi que 85 Offi-
ciers , & l'on enleva onze drapeaux aux
ennemis.

(f) Sospel , petite ville du Duché
de Savoie , les François la prirent en 1692
& la rendirent en 1696.

I

rent auffi ces Héros à difcontinuer l'attaque , & à fe contenter
des fuperbes lauriers qu'ils venoient de cueillir ; ils firent en-
clouer les canons qu'ils avoient pris , & l'on détruifit les ouvra-
ges dont ils s'étoient emparés.

R i e n ne put ébranler la conftance des Efpagnols ; le feu
meurtrier des ennemis , qui tirerent fur eux à mitraille , & que
ces troupes effuyerent pendant quatre heures fans pouvoir fe
couvrir , fut une preuve de l'intrépidité plus qu'humaine de ces
guerriers audacieux. (*g*)

L e s ennemis au contraire perdirent toute efpérance. Que
fuffent devenus les Romains , fi cette vertu les eût abandonnés
après la bataille de Cannes , où Annibal leur ennemi tailla
en piéces cinquante mille hommes de leur armée ? Les Piémon-
tois , bien différens de ces grands guerriers, fans efpérance de
pouvoir réfifter à une feconde attaque , fe retirerent à la hâte ;
ils abandonnerent Ville-Franche (*h*) & leurs retranchemens , ils
laifferent dans le camp leur artillerie & leurs munitions , &
fe fauverent tous par Mer , fur les vaiffeaux des Anglois , ex-
cepté les garnifons de la Citadelle de Ville-Franche & du Fort
de Montalban. (*i*)

L e s troupes Françoifes & Efpagnoles n'eurent pas plûtôt
occupé les retranchemens , qu'elles marcherent à Ville-Franche ;

(*g*) O n peut d'autant moins douter de cette fermeté , qu'au fiége de Diu , ville forte des Indes , dans une ifle de même nom , au royaume de Guzarate , avec une bonne fortereffe ; on a vu les Efpagnols manquant de plomb , s'arracher les groffes dents pour charger leurs moufquets. *Voyez Tavernier , Tome I I I.*

(*h*) V i l l e - F r a n c h e , ville des États du Roi de Sardaigne , au Comté de Nice avec un fort château & un grand port. Elle a été fouvent prife & reprife. Elle eft fur la Mer Méditerranée au pied d'une montagne , à une lieue de Nice , 2 de Monaco , 28 d'Embrun.

(*i*) C e t t e action coûta aux ennemis près de quatre mille morts ; on trouva , foit dans le Fort de Montalban & dans la Citadelle de Ville-Franche, qui fe rendirent les 23 & 25 Av. foit dans les retranchemens forcés , cent fept piéces de canons de diffé-rens calibres , quatorze mortiers, fept pier-riers; mille fufils, neuf cens moufquets ou en-viron, fix cens bayonnettes, & quantité d'au-tres armes ; vingt-cinq mille cinq cens qua-rante-un boulets ; huit mille foixante-onze grenades ; mille quatorze cartouches de mi-traille ; quinze caiffons de cartouches de fu-fils ; cent foixante-huit caiffons de balles de fufils & de moufquets, & des magafins confidérables de vivres.

les Magiſtrats de la ville prévinrent leur arrivée, ils aſſurerent *Dom Philippe* de l'entiere ſoumiſſion des habitans, & la garniſon de la Citadelle ſe rendit priſonniere de guerre.

Il ne reſtoit plus qu'à ſoumettre le Fort de Montalban; à peine eut-on commencé à le battre, que le Commandant capitula, & qu'il ſe rendit priſonnier de guerre.

CHAPITRE TROISIÉME.

Les Retranchemens des Vallées de S t u r e & de M a y r e forcés, Dom Philippe & *le Prince de* Conty *s'emparent du C h a t e a u D a u p h i n.*

LES Princes magnanimes marchent toujours à l'ennemi, avec une préfomption permife, qui prend fa fource dans l'intrépidité, la prudence & le courage des vrais Héros ; parce qu'ils fe figurent que le fuccès des armes répondra à leur attente : furtout, lorfqu'ils les prennent pour la défenfe de l'État, & pour la gloire des Monarques.

LA valeur & la prudence ont juftifié la conduite des deux Princes, auxquels on doit appliquer ces vertus ; les victoires qu'ils ont remportées, & les places qu'ils ont foumifes à leur pouvoir, ne permettent pas de révoquer en doute l'héroïfme de leurs actions.

A PEINE le Comté de Nice, Ville-Franche, fa Citadelle, & le Fort de Montalban eurent été rendus, que *Dom Philippe* & le Prince de *Conty*, firent marcher des troupes vers le Briançonnois, pour faire une diverfion du côté de Château Dauphin, & que le refte de l'armée combinée s'avança fur les terres de la République de Gênes.

Dom Philippe, pour approcher du but qu'il avoit en perfpective, fit travailler en même tems avec autant de foin que de diligence, à réparer les chemins, qui conduifent au Col de Tende, (*a*) & à la ville de Coni, que les ennemis avoient entierement rompus ; les troupes commandées par ce Prince, refferrerent tellement celles du Roi de Sardaigne qu'elles fe replierent du côté d'Oneille.

(*a*) LE Col de Tende, paffage des Alpes entre le Piémont & le Comté de Nice. | Il eft ainfi nommé de la Montagne de Tende au Comté de Nice.

Les

Les retranchemens des vallées de STURE et de MAYRE forcés, l'Armée combinée s'empara de Chât. Dauphin les 18. et 19. Juillet 1744.

Les Piémontois éffrayés de voir l'Infanterie Françoise & Espagnole, les fuivre de fi près, abandonnerent la ville d'O-neille, (*b*) que l'Infant *Dom Philippe* fit auffitôt occuper par un détachement des troupes qu'il commandoit.

Des motifs auffi prudens, que fondés fur la bonne politi-que, obligerent les deux Princes d'empêcher que les troupes Françoifes & Efpagnoles ne continuaffent leur marche par l'État de la République de Gênes : on ne laiffa dans le Comté de Nice, que les hommes néceffaires pour en défendre l'entrée aux Piémontois, & pour en garder les fortereffes ; ce qui refta de l'armée combinée reprit la route du Briançonnois, (*c*) fe raffem-bla fous Briançon & fe rendit enfuite dans la Vallée de Sture, dans celle de Mayre, & dans celle du Château Dauphin, du côté de Belleins.

Aprés que les Princes furent arrivés aux poftes dont il fallut s'emparer ; les attaques qu'ils avoient méditées s'exécu-terent avec autant de fuccès que de gloire, ils fe rendirent les maîtres des débouchés du Piémont.

Les troupes employées à l'attaque de la Vallée de Sture, & qui le furent auffi pour forcer les barricades gardées par toutes les forces Piémontoifes, commandées par le Roi de Sardaigne, fe porterent enfuite à Pelport, au Col de Fures, à celui de Ferriere & à Brezés ; enforte que tous les retranchemens des ennemis fe trouverent enveloppés.

Tout fut fi bien difpofé, que les différens corps de troupes Françoifes & Efpagnoles, occuperent auffi les chemins qui con-duifent aux gorges des barricades ; vingt bataillons formerent l'attaque ; huit furent commandés par le Marquis de *Caftellar*, Lieutenant Général des Armées de Sa Majefté Catholique, fept

---

(*b*) Oneille, belle & agréable ville d'Italie enclavée dans l'État de Gênes, avec le titre de Principauté & un Port fur la Méditerranée. Elle appartient au Roi de Sardaigne, les François la bombarderent en 1692 ; comme elle n'eft pas fortifiée, elle eft fouvent prife & reprife dans les gueres d'Italie. Elle eft près de la Riviere Impériale, à 12 lieues de Coni, 13 de Nice, 25 de Turin, & 20 de Gênes.

(*c*) Le Briançonnois, Pays de France dans le Dauphiné, Briançon en eft la Capitale.

K

autres bataillons par le Marquis de *Villemeur*, & cinq par M. de *Mauriac* : la Vallée de Mayre fut occupée par des troupes qu'on plaça à Affeil & dans les environs, & l'attaque du Château Dauphin fut faite par celles qui étoient fous les ordres du Bailli de *Givry*.

LES ennemis s'étant apperçus que les barricades de la Vallée de Sture avoient été tournées, ils ne s'y trouverent plus en fûreté, & les abandonnerent ; alors le Bailli de *Givry* attaqua les retranchemens de la Tour du Pont & de Belleins ; il les força avec la valeur & l'intrépidité du commandant le plus expert dans l'art de la guerre : le combat fut long & fanglant, le terrein fut difputé pied-à-pied, & toutes les actions furent autant de merveilles.

CE fut là, que le Bailli de *Givry*, à la tête de neuf bataillons qu'il commandoit, donna les dernieres preuves de fa valeur ; fes courageux efforts furent longtems inutiles contre deux bataillons Piémontois, poftés fur le haut d'une montagne prefque inacceffible par fa hauteur & par fa roideur, d'où ils faifoient rouler une grêle effroyable de pierres d'une groffeur énorme, qui écrafoient les uns & faifoient reculer les autres ; les foldats de Poitou irrités de la perte qu'ils en recevoient, animés d'ailleurs par la voix de leur Général, fe fouleverent les uns les autres avec les croffes de leurs fufils, & comptant pour rien les bleffures & la mort, chofe inouïe ! Ils grimperent à la vûe des deux armées fur le haut de la montagne, d'où ils précipiterent au même inftant les deux bataillons ennemis : enfin les malheureux Piémontois tomberent de rochers en rochers, & fe perdirent dans de profonds abîmes.

LE Roi de Sardaigne eut la douleur de voir ce trifte fpectacle ; il vit même encore fes gens effrayés abandonner Château Dauphin, ce qui affura, à l'Armée combinée de France & d'Efpagne, la libre communication avec le Dauphiné & la Provence. (*d*)

(*d*) CES actions fe pafferent les 18 & 19 ｜ Juillet 1744. Les Piémontois perdirent dans

LA postérité s'étonnera d'autant moins des glorieux & mé-
morables exploits du Bailli de *Givry* , à l'attaque de la Vallée
de Château Dauphin, que ce Général faisoit l'un des principaux
ornemens d'un ordre, où la vertu des Chevaliers qui le com-
posent, a toujours brillé depuis plusieurs siécles.

ces différentes attaques & dans leur retraite environ 2500 hommes; le Lieutenant Géné-ral qui les commandoit en chef, & plusieurs Officiers de distinction furent tués; on leur fit un grand nombre de prisonniers & l'on prit deux piéces de canon. Les François perdirent le Marquis de la *Carte* , Brigadier des Armées du Roi , & Colonel-Lieutenant du Régiment d'Infanterie de *Conty* , & M. de *Salis* , Colonel du Régiment Suisse de son nom. Le Bailli de *Givry* , le Duc *d'Age-*nois & le Vicomte *d'Aubeterre* , Colonel du Régiment de Provence furent blessés, le Bailli de *Givry* mourut peu de tems après à Embrun de ses blessures, il fut généralement regretté, par le Grand-Maître & par son ordre, comme un zélé & fidele observateur de sa régle ; par le Roi comme un Général dont la prudence & le courage étoient à toute épreuve , & par les troupes comme un chef sous lequel elles se trouvoient in-vincibles.

CHAPITRE QUATRIÉME.

Prife du Fort de DEMONT.

DES fuccès incapables de remplir les défirs d'une gloire que l'Infant *Dom Philippe* & le Prince de *Conty* vouloient acquérir, exciterent ces deux Princes à continuer leurs opérations militaires fur un théâtre plus noble & plus fuperbe que Château Dauphin qu'ils venoient de ranger fous leurs loix.

LA magnanimité eft une grandeur de courage qui projette toujours des actions élevées, & qui s'applique à les confommer avec éclat ; fi elle fert à préparer l'efprit d'un héros, à difpofer fon courage, & à le rendre prompt à entreprendre les chofes difficiles, la magnificence les exécute avec pompe, fon courage fe renouvelle & fe fortifie par l'action.

LES Princes ornés de ces vertus vont prouver leur fageffe au fiége de Demont, (*a*) qu'on leur avoit dépeint comme une place imprenable ; ils n'eurent cependant befoin que de leur prudence, le hazard fit le refte.

APRÉS que les deux Héros, qui commandoient les troupes Françoifes & Efpagnoles, eurent fait toutes les difpofitions néceffaires pour affiéger le Fort de Demont, ils s'annoncerent par des bombes qu'ils y envoyerent : (*b*) auffitôt que la tranchée fut ouverte, trois batteries, l'une de mortiers, & deux autres de canons battirent le Fort en bréche. (*c*)

LE lendemain de l'établiffement de ces batteries, le feu prit à un magafin de méches qui étoit dans ce Fort ; les flammes firent un progrès fi rapide qu'elles fe communiquerent en très peu de tems à la maifon du Commandant, & à une grande quantité de bois de blindage dont elle étoit environnée.

(*a*) DEMONT, Fort d'Italie dans le Piémont, au Marquifat de Saluces fur la Sture, à 4 lieues de Coni.

(*b*) LE 28 Juillet 1744.
(*c*) CES batteries furent établies devant le Fort de Demont le 16 Août.

Le

LE Commandant & toute la garnison, craignant que l'incendie ne causât plus de maux, que les foudres de guerre dont ils étoient battus, & que les flammes ne se communiquassent à trois magasins à poudre, qui n'en étoient pas éloignés, arborerent le drapeau blanc & se rendirent à discrétion. (*d*)

CE triomphe prématuré obligea les assiégeans d'évacuer la tranchée; ce fut une prudence bien placée d'éviter les éclats & les débris, qui seroient indubitablement partis du Fort, si le feu eût pris aux magasins à poudre : la bravoure d'affronter un péril presque certain n'eût pas été approuvée; on a vu des guerriers qui ont portés bien loin la terreur & l'effroi, & qui ont forcé, comme l'Infant *Dom Philippe* & le Prince de *Conty*, des places reputées auparavant imprénables; mais ces hommes vainqueurs de tant de peuples ont été vaincus à leur tour par leur imprudence; les Princes qui commandoient l'Armée combinée, loin d'exposer mal-à-propos leurs troupes, toujours prêtes à verser leur sang pour le salut de la patrie & la gloire de leur Roi, prirent de sages précautions pour conserver des jours si précieux; ces précautions furent inutiles, mais elles n'en furent pas moins prudentes : le feu se rallentit, les flammes diminuerent, & l'on fit entrer dans la place des piquets qui travaillerent avec tant d'ardeur & de diligence, que les magasins à poudre furent bientôt mis hors de danger.

UN accident fatal à des assiégés, en état de résister longtems, influa tout entier pour l'avantage des assiégeans; les fortifications ne furent point endommagées, les troupes Françoises & Espagnoles s'emparerent de toutes les munitions de guerre & de bouche, que le Roi de Sardaigne avoit fait conduire dans le Fort; & l'on y prit 150 milliers de poudre, & 50 piéces de canon.

COMME les grands conquérans ne bornent jamais leurs désirs, à des opérations au-dessous de la gloire qu'ils ambitionnent;

(*d*) LE Fort de Demont se rendit le 17 Août, la garnison composée de onze cens | hommes, fut prisonniere de guerre.

L

Dom Philippe & le Prince de *Conty* semblables à Alexandre, qui se plaignoit de ce qu'il n'y avoit pas plusieurs mondes à conquérir, marcherent pour attaquer le Roi de Sardaigne, qui étoit campé en deçà du Po, avec toute son Armée; mais ce Prince jugeant qu'il n'étoit pas à propos de hazarder la bataille qu'on se disposoit à lui livrer, repassa ce fleuve avec la plus grande précipitation.

CONY
la mauvaise saison
force l'armée combinée
se retirer en 1744.

CHAPITRE CINQUIÉME.

Siége de CONI.

SI les Généraux se rendent formidables, lorsqu'à l'abondance d'argent ils joignent la disposition du corps, la grandeur du courage, le grand nombre de troupes, la puissance des Souverains & l'appui des amis ; les Princes dont on publie les vertus joignoient à tous ces avantages le désir de la gloire.

LES victoires remportées dans le Comté de Nice, la prise de Ville-Franche & du Fort de Montalban, celle du Château Dauphin, & la réduction du Fort de Demont; tous ces triomphes furent considérés par l'Infant *Dom Philippe* & le Prince de *Conty* comme le préliminaire des conquêtes qu'ils méditoient.

APRÉS que ces Héros eurent fait toutes leurs dispositions pour le siége de Coni, (*a*) cette place fut bientôt attaquée, & l'ouverture de la tranchée (*b*) suivit de près l'investissement. La tranchée étant ouverte, les assiégés firent tout-à-coup une sortie sur une redoute que les Espagnols construisoient ; ce premier pas leur couta cher, ils furent repoussés avec perte de vingt officiers & de cent soldats.

LES François battoient déja la place avec vingt-deux piéces de canon, & huit mortiers ; (*c*) le feu que ces batteries vomissoient étoit assés terrible pour épouvanter les assiégés, & pour abaisser le faste d'une intrépidité dont ils faisoient parade,

---

(*a*) CONI, ville très-forte d'Italie, dans le Piémont, avec une bonne Citadelle. La garnison étant divisée en deux factions, elle se rendit aux François en 1641, & fut remise ensuite au Duc de Savoie. Les François l'assiégerent de nouveau en 1691 & 1706 ; mais ils furent contraints d'enlever le siége. Elle est située au confluent de la riviere de Gesse avec la Sture, à 14 lieues de Turin.

(*b*) LA tranchée fut ouverte devant Coni la nuit du 12 au 13 Septembre 1744.

(*c*) LE même jour 15 Septembre, Mr de *Ramsau*, Ingénieur & Ayde de Camp de Mr le Prince de *Coni*, eut dans la tranchée l'épaule emportée par un boulet de canon.

lorfque le Marquis *Pignatelli* qui étoit pour lors à Centale, avec mille grenadiers & deux mille hommes de cavalerie, pour obferver le Roi de Sardaigne, eut ordre de repaffer la riviere de Sture; fon mouvement perfectionna l'inveftiffement de la ville de Coni du côté de Mondovi.

LE progrès des travaux ne fut pas auffi rapide qu'on devoit l'efperer; une pluie extraordinaire, qui dura trente-fix heures, & qui fit déborder la riviere de Geffe, fufpendit toutes les opérations du fiége. (*d*)

DÉS que l'écoulement des eaux permit de reprendre les travaux; les affiégeans animés d'un nouveau zele, reparerent bientôt le tems, qu'ils avoient été contraint de paffer dans l'inaction.

LA perfévérance d'un Général, dans les opérations de la guerre, eft fouvent plus capable de furmonter les obftacles, que la faifon & les élemens font naître, que la force & le courage; fans la perfeverance du Cardinal Duc de Richelieu, qui joignoit à fa dignité ecclefiaftique celle de Général d'armée, au fiége de la Rochelle, les François n'eurent jamais pû foumettre les Rochelois à l'obéiffance de L O U I S XIII; mais fon Eminence, après une longue perfévérance, imagina la fameufe digue qui empêcha l'armée navale d'Angleterre d'entrer dans le port de la Rochelle pour fecourir les affiégés. (*e*)

LE Roi de Sardaigne ayant donc été joint par les renforts qu'il avoit attendu du Milanés, & par le Régiment de Pallavicini que le Prince de Lobekowitz lui envoya, il s'avança à deux lieues & demie de l'armée combinée, fit jetter des ponts fur la baffe Sture, & forma le deffein de hazarder la bataille qu'il avoit refufée peu de jours après la réduction du Fort de Demont : la confiance de ce Prince augmentoit à mefure que le nombre de fes troupes s'accroiffoit; fon armée compofée

---

(*d*) CETTE pluie furvint la nuit du 25 au 26 Septembre.

(*e*) EN 1628, LOUIS XIII prit la Rochelle par famine, après un fiége de 13 mois; lorfque cette ville fut prife, les affiégés avoient déja mangé tous leurs animaux domeftiques, les cuirs, les harnois des voitures, & tous les rats qu'ils purent attraper.

BATAILLE,
Don Philippe et le Prince
de Conty battent le Roy de
Sardaigne près Cony en 1744.

de trente cinq bataillons & de trente deux efcadrons, lui faifoit concevoir de très-grandes efpérances, & il n'eft pas douteux que fi fon deffein n'eût été prévenu, fa bravoure l'eût porté à commencer un combat des plus fanglans. Ses difpofitions étoient faites pour attaquer le quartier du Marquis *Pignatelli* ; mais l'armée combinée qui faifoit éclairer fes démarches, paffa toute une nuit au bivoüac, & dérangea les projets de ce Prince courageux.

Bataille de la MADONA DEL ULMO, *près Conni.*

LE lendemain, l'Infant *Dom Philippe* laiffa dans fon camp dix-huit bataillons pour la garde des travaux & du parc d'artillerie, il marcha aux ennemis, & s'avança jufqu'au couvent de *la Madonna del Ulmo*. Ce Prince, ayant enfuite appuyé la droite de fon armée à ce couvent, la gauche à une caffine, & le centre à une autre caffine fortifiée, il fut en état de recevoir les Piedmontois. Il étoit environ onze heures du matin, (*f*) lorfque l'armée des ennemis s'avança de fon côté fur deux colonnes parallelles. Le Roi de Sardaigne plaça fon infanterie le long d'une chauffée, & couvrit de chevaux de frife le front & les flancs de fon armée.

APRÉS qu'on fe fut canonné de part & d'autre pendant quelque tems ; les grenadiers du Roi de Sardaigne attaquerent le pofte de la *Madonna del Ulmo* (*g*) & les caffines * qui étoient au devant des retranchemens de l'armée combinée : l'attaque fut vive & fanglante ; mais ces guerriers redoutables repouffés de toutes parts & mis en déroute, ne furent pas plus heureux dans la fuite.

LE combat devenu général, (*h*) entre les troupes d'infanterie des deux armées ; celles de France & d'Efpagne animées par la valeur des deux Princes qui les commandoient, foutinrent avec la fermeté naturelle à ces deux nations, les efforts de l'in-

---

(*f*) LE 30 Septembre 1744.

(*g*) L'ATTAQUE commença à une heure après midi.

* CASSINE, mot qui vient d'Italien *Caffina*, & qui fignifie une petite maifon de campagne.

(*h*) SUR les cinq heures du foir.

fanterie Piedmontoifes , & la mirent dans un fi grand défordre qu'elle ne put fe rallier.

Le Prince de *Conty* voulant enfuite profiter des avantages que la déroute des Piedmontois lui préfentoit, pour achever leur défaite, fe mit à la tête de la cavalerie, & porta fes plus terribles coups contre la premiere ligne de l'armée ennemie; mais les chevaux de frife s'oppoferent à fon paffage, & l'obligerent néceffairement de faire replier fa cavalerie.

Ce Prince, dont rien ne pouvoit arrêter la valeur, retourna à la charge avec fix régimens d'infanterie; il s'expofa aux plus grands dangers, & s'empara en cette occafion d'une batterie des ennemis; mais la violence du feu qui partit des caffines que les Piedmontois occupoient encore, l'empêcha de conferver long-tems les marques d'une éclatante victoire.

Tout combattit avec une fureur égale; la nuit feule, dont on ne put fufpendre ni arrêter les voiles ténébreufes, fit ceffer ce combat auffi meurtrier qu'epouvantable; fa trop grande obfcurité, mit un interval au progrès des maux, que les armes des deux parties auroient continué de fe faire réciproquement.

La perte confidérable des ennemis, les ayant mis hors d'état de pouvoir fe maintenir dans leur pofte; le Roi de Sardaigne fe détermina pendant la nuit à abandonner une partie de fon artillerie auffi-bien que la multitude de fes chevaux de frife.

Ce Prince, en fe retirant, eut la fage précaution de laiffer des détachemens de grenadiers, qui tirerent affez vivement fur les troupes Françoifes & Efpagnoles, pour leur ôter la connoiffance de l'abandon qu'il faifoit du champ de bataille.

Au milieu de la nuit, le feu des ennemis ceffa entierement; dès la pointe du jour, qui avoit tardé fi longtems à paroître, *Dom Philippe* détacha le Marquis de *Corbulen* avec mille chevaux, pour inquiéter le Roi de Sardaigne dans fa retraite, & ce Général s'empara de plufieurs chariots remplis de bleffés & de munitions de guerre. (*i*)

(*i*) On prit aux ennemis cinq piéces de canon, & ils eurent plus de cinq mille

IL eſt peu d'événemens, où la ſageſſe & la bravoure des Com-
mandans ayent paru avec plus d'éclat que dans cette mémora-
ble journée : le Roi de Sardaigne ſe confiant dans le nombre de
ſes troupes, ſe promettoit une victoire complette, il fut cepen-
dant trompé dans ſes eſpérances, malgré ſes efforts redoublés ;
ce Prince fut toujours repouſſé avec perte, & obligé de prévenir,
en ſe retirant, ſon entiere défaite. Rien ne manqua à la gloire des
vainqueurs, qui euſſent terminé leur campagne plus glorieuſe-
ment encore, par la priſe de *Coni*, ſi la ſaiſon & les élemens ne s'y
fuſſent point oppoſés.

hommes tués ou bleſſés. Les François & les Eſpagnols perdirent huit à neuf cens hommes, & l'on compta environ douze cens bleſſés dans les troupes des deux nations. Du côté des François, les principaux Officiers bleſſés furent, le Marquis de *Seneẟerre* Lieutenant Général, le Chevalier *Chauvelin* Brigadier, & le Chevalier de *Chabannes* ; le Marquis *de la Force* eut une épaule emportée d'un boulet de canon, & mourut peu de tems après de ſa bleſſure ; le ſieur de *Solenci* Brigadier & Lieutenant Colonel du régiment de Conty infanterie fut tué : le Prince de *Conty* reçut deux coups de feu dans ſa cuiraſſe, & eut deux chevaux bleſſés ſous lui.

Fin du Second Livre.

OFFICIERS GÉNÉRAUX,

FRANÇOIS ET ESPAGNOLS,

Qui fervirent pendant la Campagne de 1744. tant en FLANDRE, fur le RHIN, & fur la MEUSE, qu'en PIÉMONT & en ITALIE.

ARMÉE DU ROI EN FLANDRE.

LE ROI,

M. LE MARÉCHAL DE NOAILLES.

LIEUTENANS GÉNÉRAUX

M. Le Marquis de Ceberet,
M. De Valiere,
M. Le Comte de la Mothe Houdancourt,
M. Le Comte de Clermont,
M. Le Marquis de Maubourg,
M. De Cherifey,
M. De Bulkley,

M. Le Duc de Gramont,
M. Le Marquis de Segur,
M. Le Marquis de Fenelon,
M. Le Chevalier de S. André,
M. De Godde de Varennes,
M. Le Duc de Biron,
M. Le Comte de Lowendal.

MARÉCHAUX DE CAMP.

M. Le Comte d'Aulnay,
M. Le Marquis de Balleroi,
M. Le Comte de Chabannes,
M. Le Duc de Richelieu,
M. Le Prince de Pons,
M. Le Duc de Luxembourg,
M. De Berchini.
M. Le Comte de Clare,
M. Le Marquis de Chiffreville,
M. Le Marquis de Marignanes,
M. De Mongibault,
M. Le Marquis de S. Jal,
M. Le Marquis de Pont chartrain;
M. Le Prince de Soubife,
M. Le Duc de Pecquigny,
M. Le Duc de Chartres,

M. Le Marquis d'Hautefort,
M. De Monnin,
M. Le Comte de Courtomer,
M. Le Comte de Trefmes,
M. Le Duc de Boufflers,
M. De Contades,
M. Le Marquis du Roure,
M. Le Duc de Briffac,
M. Le Duc de Chevreufe,
M. Le Marquis de la Cofte,
M. Le Marquis de Beauveau,
M. Le Duc d'Aumont,
M. Le Duc d'Ayen,
M. Le Duc de Penthievre,
M. Du Brocard.

SECONDE

SECONDE ARMÉE EN FLANDRE.

M. Le Maréchal de S A X E Commandant.

LIEUTENANT GÉNÉRAUX.

M. De Lutteaux ,
M. Le Marquis du Chayla ,

M. Defgranges.

MARÉCHAUX DE CAMP.

M. Le Comte de Beranger ,
M. Le Marquis de Brezé ,
M. Le Comte d'Eftrées ,
M. Le Chevalier d'Apcher ,

M. Le Marquis de Langeron ,
M. Le Marquis d'Armentieres ,
M. Le Marquis de Souvré.

ARMÉE FRANÇOISE SUR LA MEUSE.

M. Le Duc d'Harcourt, Lieutenant Général, Commandant.

LIEUTENANS GÉNÉRAUX.

M. Le Marquis de Creil ,
M. Le Chevalier de Belleifle ,

M. Le Chevalier de la Rocheaimon.

MARÉCHAUX DE CAMP.

M. De Bombelles ,
M. Le Marquis de Rennepont.
M. Le Comte de Beuvron ,

M. Le Comte d'Harcourt ,
M. Le Comte d'Arros.

ARMÉE FRANÇOISE SUR LE RHIN.

M. le Maréchal de COIGNI Commandant.

LIEUTENANS GÉNÉRAUX.

M. Le Marquis de Montal,
M. Le Marquis de Balincourt,
M. Le Marquis de la Farre,
M. Le Comte de Clermont Tonnerre,
M. De Louvigny,
M. Le Marquis d'Epinay,
M. Le Prince de Dombes,
M. Le Comte d'Eu,

M. Le Marquis de Genfac,
M. Phelippes,
M. Le Marquis de Clermont Gallerande,
M. Le Comte de Baviere,
M. Le Marquis de Putanges,
M. De Malezieu,
M. Le Comte de Coigni,
M. Le Prince de Montauban.

MARÉCHAUX DE CAMP.

M. Le Marquis de Brun,
M. Le Marquis de Refuges,
M. Le Marquis de la Ravoye,
M. Le Duc de Boutteville,
M. Le Marquis de Chazeron,
M. Le Marquis du Châtelet Lomont,
M. Le Comte de Rivin,
M. De Salieres,
M. Le Chevalier de la Luzerne,
M. De Mauroy,
M. Le Marquis de Monconfeil,

M. Le Marquis de Clermont d'Amboife,
M. De Quefneau,
M. Le Marquis de Maupeou,
M. Le Comte de Maulevrier.
M. Le Marquis de Croiffy,
M. Le Comte de la Marck,
M. Le Duc de Randan,
M. Le Comte de Rupelmonde,
M. Le Marquis du Châtelet,
M. Le Comte de Rubempré,
M. Le Prince des deux Ponts.

ARMÉE ESPAGNOLE EN ITALIE.

DOM PHILIPPES Généralissime.

M. Le Marquis de L A M I N A , Capitaine Général.

LIEUTENANS GÉNÉRAUX.

D. Louis de Guendica ,
D. Jean d'Aremburu ,
Le Marquis de Castellar ,

D. P. Garcia Arteaga ,
Le Marquis de Campo Sancto ,
D. F. Pignatelli.

MARÉCHAUX DE CAMP.

D. Th. de Corbolan ,
Le Marquis de Magni ,
D. Condé Candal ,

Le Marquis de Castel Rios ,
D. Fir. de Cagigal ,
D. Fran. de Faudoas.

D. Jos. Ant. Tinto. . . . . *Major Général.*
Le Marquis de Garantia. . . . . *Maréchal des Logis.*
D. Michel. . . . . *Major Général des Dragons.*
D. Jerosme Amici. . . . . *Quartier Maître.*
M. Condé Baratiery. . . . . *Commandant de l'Artillerie,*

ARMÉE FRANÇOISE EN PIEDMONT.

M. Le Prince de CONTI, Général.

LIEUTENANS GÉNÉRAUX.

M. Le Marquis de Maulevrier Langeron,   M. Le Bailly de Givry,
M. Le Marquis de Sennecterre,   M. Le Marquis de Cayla,
M. Le Comte de Lautrec,   M. Le Comte de Danois.

MARÉCHAUX DE CAMP.

M. Le Marquis d'Argouges,   M. Le Marquis de Biſſy,
M. Le Marquis du Chatel,   M. Le Chevalier de Courten,
M. Le Marquis de Mirepoix,   M. De Larnage.
M. Le Marquis de Villemur,

Maréchal Général des Logis de l'Armée.   M. Le Comte de Maillebois.
Major Général de l'Infanterie.   M. De Chauvelin.
Maréchal Général des Logis de la Cavalerie.   M. Le Comte de Tirconnel.
Intendant de l'Armée.   M. Bertier de Sauvigny.

HISTOIRE
DES
CONQUESTES
DE
LOUIS XV.

LIVRE TROISIÈME.

CAMPAGNE DE 1745.

APRÉS les heureux succès des armées de LOUIS XV.
& que sa premiere campagne eut été terminée par la prise de
Fribourg, SA MAJESTÉ, eut, sans doute, écouté des propo-
sitions de paix convenables à la justice de ses prétentions, puis-
que la clémence de ce Monarque est une vertu opposée à la haine,
dont il ne fut jamais susceptible. Si l'on vit autrefois des Prin-
ces, qui n'ambitionnerent pas l'amour des peuples, pourvû qu'ils
se fissent craindre ; le ROI, dont on écrit les conquêtes, autant
rempli d'humanité que bienfaisant de son naturel, s'est toujours
fait admirer comme un astre de bonne influence ; c'étoit aussi
pour la conservation de sa personne sacrée, que ses sujets ve-

O

noient de porter aux pieds des Autels leurs vœux & leurs prieres, en remerciant le Roi des Rois du rétabliſſement de ſa ſanté.

L A douceur & la généroſité , ſont des charmes puiſſans pour concilier aux Souverains l’affection de leurs ſujets ; c’eſt le lien le plus fort , & la plus ſûre garde des Monarques : il n’eſt point d’Empire plus ferme que celui qui plaît à ceux qui obéiſſent ; les Empires odieux tombent d’eux-mêmes.

L A magnanimité de LOUIS XV s’accorde parfaitement avec ſes autres vertus, & la colere ne l’emporta jamais ſur ſon grand caractere. Comme la partie ſupérieure du monde, qui eſt la mieux réglée & la plus proche du ciel , n’eſt point obſcurcie par les nuës , ni agitée par les tempêtes, qu’elle ſe conſerve ſans trouble dans la paix, & qu’elle laiſſe aux parties inférieures de l’Univers, les vents qui y ſouflent, les foudres qui s’y for-ment, & les tonnerres qui y grondent ; de même, l’eſprit élevé du Monarque de la France, tranquille & établi dans un parfait repos pendant la paix, ſe voyant obligé de ſoutenir les droits de ſa Couronne, contre l’opiniâtreté des alliés, ſes ennemis, n’agit point avec paſſion en commençant cette campagne par le ſiége de Tournai.

SIEGE DE TOURNAY
et de la Citadelle
rendus les 22 mai et 19 Juin
1745

CHAPITRE PREMIER.

Siége de TOURNAI.

LE Maréchal de *Saxe*, dont on n'ofa jamais contefter l'hé-
roïfme des actions, fit en entrant en campagne des mouvemens
extrêmement avantageux pour la France; il donna plus d'une fois
le change à fes ennemis, qui ne purent pénétrer fes deffeins; ils
ignorerent pendant quelque tems fi c'étoit à Mons où à Tournai
qu'il en vouloit: toutes les difpofitions de ce Général paroiffoient
annoncer qu'il avoit en perfpective la premiere de ces deux places,
& les troupes fe rendirent à leurs quartiers fous ces trompeufes
apparences.

LES habitans de Tournai (a) croyoient leur Ville imprenable;
ils avoient oublié, fans doute, qu'un fiége conduit par les Fran-
çois, fous le Regne de LOUIS XIV avoit toujours eu d'heureux
fuccès, & ils fe figuroient que fous celui de LOUIS XV l'orage
qui les menaçoit fe diffiperoit; enforte que Mons & Tournai
ne leur cauferent aucunes inquiétudes.

LES Tournefiens intimement perfuadés, que les Alliés ouvri-
roient la campagne par le fiége de l'Ille, & que le Général Fran-
çois fe tiendroit fur la deffenfive, eurent la générofité chimerique
d'offrir à leurs amis de l'Ille de les recevoir chez eux, tandis
que M. le Duc de *Cumberland* affiégeroit leur Ville.

LE Gouverneur de Tournai penfa plus jufte: malgré la fécu-
rité des habitans, ce fage Commandant fit une fortie de cinq cens
hommes de fa garnifon, qui mirent le feu aux faubourgs de la

(a) TOURNAI jolie, forte & confi-
dérable Ville des Pays-bas Autrichiens,
dans la Flandre, Capitale du Tournefis,
avec une citadelle des plus fortes & des
plus belles de l'Europe. LOUIS XIV. prit
Tournai en 1667, & il lui fut cédé par
le traité d'Aix-la-Chapelle en 1688, les
Alliés le prirent en 1709; & il fut cédé
à la maifon d'Autriche par la paix d'U-
trecht, & la garde en fut donnée aux Hol-
landois par le traité des barrieres en 1715.
Il eft fur l'Efcaut à 4 lieües & demie de
l'Ille, 7 & demie de Douai, 9 de Mons,
12 de Gand, & 54 de Paris.

Ville , (*b*) & le Maréchal de *Saxe* fit faire une fauſſe marche du côté de Mons ; les différens mouvemens de ces troupes , agiterent les eſprits qui ont plus de ſpéculation que de pratique , & qui veulent pénétrer les deſſeins qu'on juge à propos de leur cacher ; les uns aſſiégerent Mons en idée , les autres publierent que les François reſteroient ſur la deffenſive ; ils furent tous également trompés , le Maréchal revint ſur Tournai , & en fit l'inveſtiſſement.

CE Général prit ſon quartier au Château du village de Froyenne , & celui du ROI fut marqué au Château de Pont-à-Chein.

LES Alliés ſurpris tout-à-coup par l'inveſtiſſement de Tournai , penſerent à ſecourir cette place ; toutes leurs troupes furent aſſemblées ſous Bruxelles , & allerent camper à Lambeck : le mouvement des ennemis n'empêcha pas que la tranchée ne fût ouverte devant Tournai , au village d'Orcq , du côté de la porte des ſept fontaines. (*c*)

TELLES étoient les opérations du Maréchal de *Saxe* , & la poſition de ſon armée ; lorſque le Duc de *Cumberland* partit de Bruxelles pour aller paſſer en revue l'armée des Alliés au camp de Lambeck où elle ſéjournoit. Les travaux de la tranchée avancerent , & quoique les Alliés fuſſent campés entre Soignies & Cambron , les douze cens hommes qu'ils firent ſortir de la place furent repouſſés ; (*d*) les deux plus fortes batteries des aſſiégés furent démontées par celles des François , qui mirent auſſi le feu au magaſin à foin de la Ville par une bombe qu'ils y jetterent : (*e*) ces funeſtes événemens n'empêcherent pas les Alliés de camper ſous Cambron , le Duc de *Cumberland* y établit ſon quartier , le Maréchal de *Konigſeg* prit le ſien à Brugelette , & celui du Prince de *Waldeck* fut à Lens.

COMME rien n'échappoit à l'attention & aux lumieres du Maréchal de *Saxe* , il ne fut pas plutôt informé des nouveaux

---

(*b*) CETTE ſortie ſe fit le 26 Avril 1745 , & le même jour la Ville fut inveſtie.

(*c*) OUVERTURE de la tranchée le 30 Avril 1745.

(*d*) LES ennemis firent cette ſortie pendant la nuit du 3 au 4 Mai.

(*e*) CE fut le 5 Mai.

mouvemens

L'ARMEE DU ROI.
Passe l'Escaut le 8.
May. 1745.

mouvemens des ennemis pour aller camper à Mollay ; qu'il
se disposa à les recevoir avec l'intrépidité qui lui étoit naturelle:
ce généreux guerrier alla reconnoître le champ de bataille, les
avantages que le terrein pouvoit lui présenter ne furent pas
oubliés ; ensuite il ordonna aux troupes de se tenir prêtes à mar-
cher à l'arrivée du Roi.

SA MAJESTÉ instruite de l'approche des ennemis, se ren-
dit au Château de Pont-à-Chein, où son quartier avoit été mar-
qué ; sur le récit que le Maréchal de *Saxe* lui fit de la position des
armées, ce Monarque sentit bien qu'il n'y avoit pas de tems à
perdre ; ensorte que les troupes campées sur la rive gauche de
l'Escaut (*f*) eurent ordre de passer cette riviere, & d'aller se ran-
ger en bataille sur le terrein qui avoit été désigné pour le combat.

Passage de l'ESCAUT.

TANDIS que l'armée du Roi passa l'Escaut, (*g*) les troupes
employées au siége de Tournai, firent partir une bombe qui mit
le feu au magasin à poudre de la citadelle ; ce magasin & les ca-
sernes de la place sauterent, & presque toutes les vitres de la
Ville furent brisées : si la nuit qui succéda à ce jour terrible fa-
vorisa les François qui se rendirent maîtres de la crête du chemin
couvert, elle fut funeste aux S^{rs}. Taleyrand & Dumazis Ingénieurs
de réputation qui y périrent.

LES Alliés disposés à combattre, se mirent en marche, (*h*)
cottoyerent les bois de Barry & de Leuze, & vinrent camper près
le village de Maubray : ils occupoient déja le village de Vezon,
éloigné d'une demie lieuë de celui de Fontenoy, lorsque SA MA-
JESTÉ ordonna aux troupes de prendre les armes, & de se for-
mer sur le champ de bataille. (*i*)

(*f*) L'ESCAUT, riviere des plus
considérables des Pays-Bas, elle prend sa
source dans le Vermandois, passe dans
la Flandre, & quelques lieuës au-dessous
du Fort de Lillo, se divise en deux
branches, dont l'une passe proche Ber-
gopzoom, & se nomme Escaut oriental,
& l'autre à Flessingue, & se nomme Es-
caut occidental, elles se jettent dans la
mer d'Allemagne.

(*g*) PASSAGE de l'Escaut le 8 Mai.
(*h*) LE 9 Mai.
(*i*) VINGT-SEPT bataillons, &
dix-sept escadrons resterent pour continuer

PEU de tems après, le Monarque accompagné de M. le Dauphin paſſa l'Eſcaut ; (*l*) l'apparition intéreſſante de SA MAJESTÉ ſur le champ de bataille, excita parmi ſes troupes des cris de joye qui ſe firent entendre dans toutes les lignes, & qui lui marquerent aſſez ce qu'elle devoit attendre de la fidélité & du courage de ſes ſoldats : le ROI, voulant enſuite s'aſſurer de la poſition certaine des ennemis, pénétra juſqu'aux gardes les plus avancées ; mais voyant que les Alliés n'étoient pas dans le deſſein d'attaquer ce jour là, il ſe retira.

LE lendemain, dès la pointe du jour, SA MAJESTÉ repaſſa l'Eſcaut, & fit ranger toutes ſes troupes en bataille. (*m*)

LES Rois quoiqu'environnés de gloire par les honneurs qui leur ſont dûs, & par les hommages qu'ils reçoivent, déſirent cependant d'augmenter leur puiſſance ; ils s'appliquent à eux-mêmes les triomphes de leurs prédéceſſeurs : l'ame élevée par les conquêtes de ceux qui n'exiſtent plus, ils veulent tranſmettre à leur poſtérité des rayons de ſplendeur.

SUR de tels principes, les grands ſont toujours guidés par des projets qu'ils croyent capables d'opérer l'aggrandiſſement de leurs Etats, & lorſqu'ils penſent aux félicités de leurs ayeux, ils ſe figurent que toutes leurs entrepriſes ſuccéderont heureuſement ; c'eſt ce qui eſt arrivé au Monarque de la France, dont nous reprenons la ſuite des premieres conquêtes.

LOUIS XV, n'ignoroit pas les grands ſuccès des armes de LOUIS XIV ſon biſayeul ; l'éducation qu'on avoit donné à ce Prince, & les monumens des conquêtes de LOUIS le Grand publiés par la renommée, non ſeulement dans l'Europe, mais encore dans toutes les autres parties du monde, avoient rempli l'imagination de ſon ſucceſſeur à la Couronne.

TELLE avoit été la ſituation de l'eſprit de LOUIS XV, pendant une paix qui dura aſſez long-tems, pour obliger les peuples

---

les opérations du ſiége de Tournai, ſous les ordres de M. le Marquis de *Breʒé*, Lieutenant Général.

(*l*) LE ROI paſſa l'Eſcaut le 9 Mai.

(*m*) CE ſeroit inutilement, qu'on feroit ici l'analyſe de toutes les Troupes qui combattirent à Fontenoy, puiſque leur poſition ſe trouve dans le plan de cette Bataille.

Bataille et défaite de l'armée des alliés dans le champ de Fontenoy le 11 may 1745.

à ajouter aux titres du Prélat qui avoit préſidé à l'éducation de ce Prince , celui de Cardinal pacifique. La tranquilité invitoit les Ordres du Royaume à le rendre floriſſant de plus en plus , lorſqu'elle fut troublée par la diſcorde : ſon flambeau fit faire de ſérieuſes & convenables réflexions au Monarque ; il paſſa de la ſpéculation à la pratique , & les glorieux ſuccès de ſa premiere campagne le conduiſirent à la bataille de Fontenoy.

PENDANT toute la matinée , qui précéda le jour du combat (*n*) les ennemis parurent ; mais ils ne furent occupés qu'à ſe faire des paſſages pour pouvoir s'avancer plus facilement ſur pluſieurs colonnes : le même jour , les François mirent le feu au village de Bourgeon , que le R O I avoit ordonné de brûler pour le ſignal , parce que S A M A J E S T É ſe figura que l'armée des Alliés pourroit attaquer la ſienne , qui n'en étoit éloignée que d'un quart de lieuë ; le Monarque reſta long-tems ſur le champ de bataille , il n'en ſortit qu'après qu'il fut bien informé qu'une partie de l'artillerie des ennemis s'étoit embourbée dans la marche , & qu'on lui eut aſſuré que le jour s'écouleroit avant qu'ils fuſſent en état de livrer bataille : les troupes Françoiſes demeurerent ſous les armes , & les Officiers Généraux à leurs poſtes ; le R O I repaſſa l'Eſcaut , & retourna au village de Calonne pour y repoſer tout armé.

Bataille de F O N T E N O Y.

L E jour commençoit à peine à paroître , (*o*) lorſque les ennemis ſe formerent en ordre de bataille ; les Anglois & les Hannovriens débouchèrent par le village de Vezon , & les Hollandois par celui de Maubray : les Anglois & les Hannovriens rangés ſur deux lignes , étoient en deçà d'un petit ruiſſeau , leur droite appuyée au bois de Barry , & leur gauche à la hauteur de Fontenoy : les Hollandois appuyerent leur droite aux Hannovriens , ils étendirent leur gauche juſqu'au village de Pieronne , leur cavalerie ſe forma en bataille ſur le haut de la plaine d'Antoin , & trois batteries , l'une de mortiers & deux de canon , furent pla-

(*n*) C'ETOIT le dix Mai. | (*o*) L E onze Mai.

cées sur leur front pour les soutenir : le corps de réserve des ennemis, avoit sa droite au bois de Barry, & étoit formé un peu en avant du village de Vezon.

TELLE étoit la position des ennemis, quand le Monarque altéré de gloire, accourût sur le champ de bataille. Si cette passion est l'aliment des héros, elle brille dans tout son lustre, lorsqu'elle éclate dans les actions des Rois.

APRÉS que les deux armées se furent canonnées pendant plus de trois heures; (*p*) les ennemis se déterminerent à attaquer Fontenoy : * l'armée du ROI, incertaine de l'endroit où les ennemis vouloient porter leurs plus grands efforts, donna lieu au Maréchal de *Saxe*, de faire avancer de Rumignies plusieurs brigades, pour former une seconde ligne, derriere celle des Gardes Françoises.

L'INFANTERIE des Alliés se mit en marche sur cinq colonnes ; deux colonnes Hollandoises tenterent deux fois de rompre les troupes qui étoient entre Antoin & Fontenoy, sans pouvoir y réussir : deux autres colonnes s'avancerent pour emporter Fontenoy, leurs attaques furent vives, mais il sortit de ce village un feu si prodigieux d'artillerie & de mousqueterie, qu'elles furent aussitôt repoussées, & que la terre fut jonchée de morts & de blessés.

COMME Fontenoy faisoit un point capital, il importoit aux François de le bien défendre, & de le conserver ; si les ennemis s'en fussent emparés, ils s'y seroient peut être maintenus; & il étoit à craindre qu'avec un tel appui ils ne fussent parvenus à couper l'armée du ROI en deux ; mais SA MAJESTÉ & son Général y avoient pourvûs, en plaçant dans ce village les troupes nécessaires pour une vigoureuse défense.

LE ROI prévoyant bien que l'armée des ennemis n'ayant pû réussir sur Fontenoy, tenteroit la rupture du centre de la

---

(*p*) CETTE canonnade commença des cinq heures du matin ; M. le Duc de *Grammont*, Lieutenant Général, & Colonel des Gardes Françoises, fut tué de la premiere salve des ennemis.

* FONTENOY, Village des Pays-bas, dans la Flandre, près de l'Escaut, à une lieuë de Tournay.

sienne,

fienne, fit avancer le régiment des vaiffeaux, plufieurs brigades eurent les mêmes ordres; le Comte *d'Eftrés* tira huit efcadrons de la premiere ligne de cavalerie, pour foutenir ces brigades, & le Comte de *Lowendal* porta dans Rumignies des troupes de fa réferve, pour remplacer celles qui en étoient forties.

LES ennemis tenterent une feconde attaque fur Fontenoy & fur la redoute de la gauche; mais ils n'eurent pas un meilleur fuccès qu'à la premiere. Ce nouvel échec ne les rebuta point; ils formerent deux lignes d'infanterie fort épaiffes, & marcherent en très-bon ordre pour attaquer le centre de l'armée du Roi : la colonne qui attaqua la redoute de la gauche ne put réuffir ; mais celle qui attaqua le centre fit un feu fi vif & fi terrible, qu'il ébranla le front de l'armée Françoife, qui fut obligée de céder quelque terrein : le peu de défordre qui fe mit enfuite dans l'infanterie de l'armée du ROI, ne put être attribué qu'à la grande fupériorité des ennemis, & aux intervalles que les François avoient été contraints de laiffer entre leurs bataillons, afin d'en porter quelques-uns à leur gauche, & à la pointe des bois de Barry & de Leuze, dans la crainte que les ennemis ne les attaquaffent par le flanc.

LE Roi, pour donner le tems à fon infanterie de fe reformer, fit marcher en avant fa premiere ligne de cavalerie, qui chargea les ennemis avec autant de bravoure que de vivacité ; mais le feu des Alliés fut fi violent, qu'elle fut obligée de plier & de fe rallier derriere la feconde qui la foutenoit; cette derniere fut également forcée de céder à l'épouvantable feu qu'elle effuya ; la cavalerie Françoife ne perdit cependant point courage, & revint plufieurs fois à la charge.

LES troupes de la réferve chargerent auffi les ennemis, fans pouvoir les faire reculer ; leur feu étoit fi terrible, que leurs colonnes fembloient deux fortereffes embrafées : ces troupes chargerent à plufieurs reprifes, & donnerent le tems à l'infanterie Françoife de fe rallier, & de fe reformer fur le front.

LES Alliés qui n'avoient pas encore perdu le moindre terrein, s'aviferent de former *un bataillon quarré long*, qui réuniffoit prefque toute leur infanterie ; il en fortoit de tous côtés un feu

Q

violent & meurtrier, & plufieurs piéces de canon formoient les têtes d'un hydre qui vomiffoit des cartouches & des bales de fonet du poids de deux onces.

LE fort parut alors fe déclarer en faveur des ennemis, ils crioient déja victoire, & faifoient à leur droite & à leur gauche les derniers efforts pour s'emparer du pofte de Fontenoy & de la redoute de Barry, dont dépendoit la perte ou le gain de la bataille : leur triomphe fut de peu de durée, ils s'étoient trop engagés : trois corps de héros * qui n'étoient pas encore entrés en lice, & qui avoient attendu le moment le plus périlleux, & l'ordre du ROI, ramenerent bientôt la fortune du côté de la France. Les brigades des Vaiffeaux, de Normandie & des Irlandois, eurent ordre d'attaquer le bataillon quarré par fa droite, celles du ROI, de la Couronne & d'Aubeterre, de l'attaquer par la gauche, & la Maifon du ROI, la Gendarmerie & les Carabiniers de le charger de front : deux bataillons des Gardes Françoifes, fous les ordres de M. le Comte de *Chabannes*, fe joignirent aux brigades des Vaiffeaux & de Normandie, & le Maréchal de *Saxe* fit avancer quatre piéces de canon, entre la cavalerie & l'infanterie, pour contenir un peu les batteries des ennemis qui ne ceffoient pas de tirer à cartouches.

APRÉS que la Maifon du ROI, la Gendarmerie, & les Carabiniers fe furent mis en mouvemens; ces troupes furent auffitôt remplacées par une partie de celles qui étoient au Mont de Trinité : une fi fage difpofition produifit à l'inftant tout l'effet que SA MAJESTÉ & fon Général en avoient attendus, & opéra le gain de la bataille. Les troupes exécuterent toutes enfemble, les ordres dont elles furent chargées, avec tant de vigueur & de courage, qu'elles enfoncerent ce bataillon formidable, ou plutôt cet hydre à quatre têtes, & ces braves guerriers s'en firent des remparts de morts & de mourans.

LA valeur des ennemis, & la violence de leur feu, ne purent empêcher l'armée du ROI de rompre, de battre, & de repouffer ce bataillon bien au-delà du champ de bataille. Le défordre des

* LA Maifon du ROI, la Gendarmerie | & les Carabiniers.

ennemis fut si grand, qu'ils entraînerent dans leur déroute, une seconde colonne de leur infanterie, & toute leur cavalerie qui venoit pour les soutenir.

Pendant que cette attaque se fit dans le centre, & que tout y étoit encore dans l'incertitude ; l'infanterie Hollandoise, qui n'étoit point du corps du bataillon quarré, forma une colonne, soutenue d'une autre de cavalerie, & marcha pour attaquer le front de la ligne qui étoit entre Antoin & Fontenoy : la marche de ces deux colonnes fut ferme & assurée, le feu du canon ne les ébranla pas ; elles s'avancerent en très-bon ordre ; mais elles furent si bien reçues, qu'après avoir tenté plusieurs fois de rompre les troupes Françoises, elles furent obligées de se retirer.

Tournai & la tranchée faisoient un feu qui n'étoit pas moins épouventable que celui de Fontenoy ; cette ville qui devoit être le prix d'une si sanglante journée, faisoit une telle impression sur l'esprit des troupes des deux armées, que la présence de la mort loin de les intimider, les animoit encore davantage.

Quand on se représente l'animosité, les coups, les cris, les menaces réciproques de plus de cent mille combattans, armés à leurs ruines, tant à Tournai qu'à Fontenoy, le feu & la foudre de cent mille fusils & de deux cens piéces de canon, dont le tonnerre effrayant étoit mille & mille fois répété par l'Escaut, & par toutes les forêts qui l'environnent ; on doit s'imaginer, que jamais l'air & la mer ne furent agités d'une plus horrible tempête, que l'étoient Tournai & le champ de Fontenoy.

La présence & le courage du Monarque tinrent quelque tems le gain de la bataille en balance, & la vigoureuse résistance des ennemis donna le loisir à la victoire de préparer à son héros une couronne inestimable, puisque la fortune n'y eut aucune part.

Dans ce cruel combat où regnerent l'horreur & l'effroi ; tout ce que la mort a de plus affreux fut représenté au naturel : les morts & les mourans furent foulés aux pieds de la cavalerie, les Officiers & les Soldats n'écouterent que leur colere.

Le moment arriva où les Alliés ne combattirent plus pour la

victoire ; mais feulement pour fauver leurs vies. Enfoncés & rom-
pus de tous côtés, la cavalerie Angloife & Hannovrienne re-
cueillit fon infanterie qui fuyoit de toutes parts, & commença
la retraite : (*q*) les ennemis furent pourfuivis jufqu'à l'entrée des
bois de Barry, où les Graffins acheverent leur défaite.

L E combat fini, le R O I porta les trois lignes de fon armée
à fept où huit cent pas en avant du champ de bataille ; il en
parcourut les rangs, & donna à toutes fes troupes les juftes louan-
ges qu'elles méritoient : on eut dépeuplé la terre entiere de fes
lauriers, s'il eut fallu couronner tous ceux qui s'en rendirent dignes.

O N ne pût affez admirer la fermeté du Monarque, & la juf-
teffe des ordres qu'il donna pendant la bataille ; M. le Dauphin
ne quitta point S A M A J E S T É, qui fut toujours expofée au feu
de l'artillerie des ennemis, & ce jeune Prince, loin d'être étonné
du bruit horrible du canon, fon courage le porta jufqu'à vouloir
charger à la tête des troupes : ces marques de valeur dans un Prin-
ce fi jeune & fi cher à la France, firent connoître ce qu'on doit
en attendre.

L A bravoure & la capacité du Maréchal de *Saxe*, que tout le
monde lui connoiffoit, brillerent avec éclat pendant toute l'ac-
tion ; S A M A J E S T É marqua publiquement à ce grand Gé-
néral combien élle avoit été fatisfaite de fes difpofitions pour le
combat, & de la conduite qu'il avoit tenue, tout le tems qu'il
avoit duré.

L E S Officiers Généraux fe fignalerent également dans l'exé-
cution des ordres qu'ils reçurent de S A M A J E S T É ; ils char-
gerent tous, à la tête des diférentes troupes auxquelles ils furent
employés, avec tant de zele & de courage, que le R O I leur en
témoigna fon contentement au milieu du champ de bataille.

L E Comte d'*Argenfon*, Miniftre de la guerre, accompagna lé
R O I partout ; il vit combattre un nombre infini de braves Offi-
ciers qu'il avoit animé à bien fervir le Monarque ; fes travaux
eurent un heureux fuccès, fes défirs furent accomplis, & il fut
témoin de la fatisfaction de fon Maître.

(*q*) C E T T E retraite commença fur les | deux heures après midi.

L'A R M É E

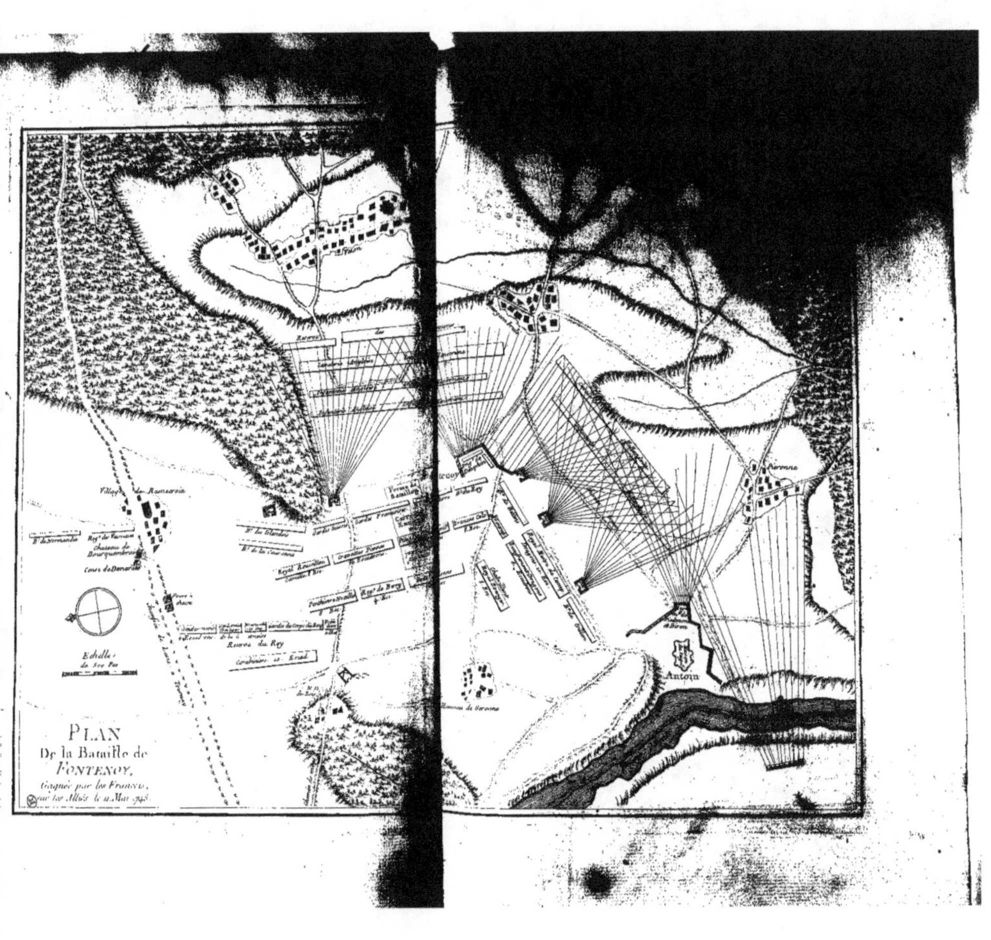
PLAN
De la Bataille de
FONTENOY,
Gagnée par les François,
sur les Alliés le 11 Mai 1745.
Village de Ramecroix
Echelle de 800 Pas
Antoin
Barenne

L'ARMÉE des ennemis étoit compofée de cinquante-cinq mille combattans, celle des François ne paffoit pas quarante mille par le nombre confidérable qu'ils avoient laiffés au fiége de Tournai, & dans différens poftes pour garder la communication de l'armée ; malgré l'infériorité des François, rien ne manqua à la défaite des ennemis ; quelle valeur, en effet, eut été capable de vaincre des foldats qui combattoient en préfence & fous les ordres de leur ROI ?

LE champ de bataille demeura aux François ; les Alliés abandonnerent vingt piéces de canon, & perdirent plus de huit mille hommes, tués, bleffés, ou prifonniers : la perte des François monta à trois mille cinq cens hommes tués ou bleffés.

ON ne fauroit fe difpenfer de rendre juftice aux Alliés ; leurs attaques furent vives & pleines de courage, leurs manœuvres belles, & tous leurs mouvemens bien conduits.

APRÈS que les ennemis fe furent entierement retirés, les troupes Françoifes pafferent le refte de la journée & la nuit fur le champ de bataille, & SA MAJESTÉ retourna au village de Calonne.

MONSIEUR le Comte d'*Eftrées*, à la tête de quatre mille hommes, du nombre defquels étoient les Graffins, & qui avoit fous fes ordres le Comte de *Beuvron*, Maréchal de camp, M^{rs}. de *Gravel* & de *Tarneau*, Brigadiers, le Marquis d'*Egmont*, M^{rs}. de *Soify* & la *Maffaye*, Colonels, fut chargé de pourfuivre les ennemis pendant la nuit ; ce Général leur prit 182 chariots remplis de munitions de guerre & de bouche ; enfuite, les Alliés fe retirerent dans la plaine de *Leffines*, *fous le canon* Dath. *

* MESSIEURS, le Duc de *Grammont*, du *Brocard*, le Chevalier *de Dillon*, le Marquis *de Cliffon*, d'*Efcher*, le Chevalier de *Suzy*, le Chevalier de *Chevrillé*, de *Marclefi* & d'*Oneille*, furent tués fur le champ de Bataille. Meffieurs, *de Soumery*, le Marquis *de Langey*, le Marquis *de Craon* & de *Longaunay*, moururent de leurs bleffures. Meffieurs, le Chevalier de *Luteaux*, le Chevalier d'*Apcher*, de *Gault*, *Defcajeul*, le Duc d'*Havré*, de *Refuveille*, de *la Serre*, le Baron de *la Peyre*, de *Villars*, de *la Pey-* roufe, le Chevalier *Dailly*, le Marquis *du Guefclin*, le Chevalier *de Monaco*, le Chevalier *de Champinelles*, *de Bonnaire*, le Marquis *de Puifegur*, de *S. Georges*, le Chevalier de *Mezieres*, le Marquis *de Gueri*, de *Pujol*, de *Mannery*, de *Guerty*, *Dubreuil*, & le Chevalier d'*Ollieres*, bleffés à la bataille.

DEPUIS S. LOUIS, aucun ROI de France n'avoit battu les Anglois en perfonne, en bataille rangée.

Continuation du fiége de TOURNAI.

AUSSITOT que les Alliés eurent été vaincus dans la plaine de Fontenoy ; les Francois marcherent au fiége de Tournai, acheverent le logement du chemin couvert, & établirent les batteries néceffaires pour battre en brêche, & pour ruiner les défenfes des flancs des affiégés : ces nouvelles difpofitions produifirent tout l'effet qu'on en avoit attendu ; le feu des ennemis fe rallentit, la face du demi baftion droit, & celle de la demi-lune furent abfolument ruinées ; le pont fur le foffé de la demi-lune fut fait, & celui des affiégés qui communiquoit fur le-même ouvrage fut entierement détruit, enforte qu'ils n'eurent plus de communication de l'ouvrage à corne avec la demi-lune. (*a*)

APRÉS que la demi-lune fur le front de l'ouvrage à corne fût emportée, les François s'y logerent ; le Monarque infatigable, accompagné de M. le Dauphin, alla vifiter les ouvrages de la tranchée ; (*b*) fi fa préfence augmenta le zele & le courage des travailleurs, il y eut tout à craindre pour les jours précieux de cet augufte héros, puifque le feu de la place redoubla, & que ce moment fut celui que les ennemis choifirent pour démafquer une nouvelle batterie.

QUOIQUE les François fuffent entierement occupés aux travaux du fiége de Tournai ; ils trouverent cependant le tems, fans les difcontinuer, de rendre au Dieu des armées les folemnelles actions de grace qu'ils lui devoient, pour la célebre victoire qu'ils venoient de remporter fur les Alliés : (*c*) l'armée battit la générale, les troupes prirent les armes, & fe mirent à la tête du camp pour faire éclater leur joye fur le gain de la bataille de Fontenoy ; le feu de cent foixante piéces de canon fut le prélude des réjouiffances ; toutes les batteries de la tranchée tirerent fur le front de l'attaque, & l'on fit partir une gerbe de quarante-cinq bombes,

---

(*a*) CES grands travaux fe firent pendant la nuit du 12 au 13 Mai.

(*b*) LE 14 Mai fur les cinq heures du foir.

(*c*) LE *Te Deum* fut chanté fous la Tente du Roi, le 15 Mai, dix heures du matin, & les rejouiffances commencerent à cinq heures du foir le même jour.

qui fut fuivie d'une falve générale de moufqueterie de toute l'ar-
mée : le-même bruit fe fit entendre jufqu'à trois fois différentes,
& toujours dans le même ordre : ce feu plus terrible que réjouif-
fant pour les Alliés, donna l'allarme à la garnifon & à la bour-
geoifie de Tournai ; les uns crurent que c'étoit une feconde ba-
taille, & les autres s'imaginerent que M. le Duc de *Cumberland*
venoit faire lever le fiége de leur ville, & que par cette raifon les
François avoient réfolus de la bombarder.

MALGRÉ le feu continuel de la place, & les bombes que les
affiégés ne ceffoient point de jetter, & qui endommagerent con-
fidérablement les ouvrages de la tranchée ; les François parvinrent
en moins de fix jours à faire brêche au corps de la place, à em-
porter d'affaut l'ouvrage à corne, & à fe loger fur l'angle & fur
une partie de l'attaque gauche du chemin couvert de la demi-lune ;
ils fe porterent même jufques dans le terreplein du chemin cou-
vert ; la partie de la parallele à la face droite de la demi-lune
fut allongée jufqu'au pied du parapet de la branche droite de
l'ouvrage à corne ; on entra dans l'épaiffeur de ce parapet, d'où l'on
découvrit fi bien la place d'armes rentrante du chemin couvert du
baftion blandinois, que les ennemis eurent beaucoup de peine à
s'y maintenir : la partie de la parallele à la face gauche de la demi-
lune fut également allongée jufqu'au pied du chemin couvert. (*d*)

TELLES étoient les opérations du fiége, lorfque le Gouver-
neur de Tournai fit arborer le drapeau blanc ; (*e*) il envoya fes
ôtages, les propofitions qu'ils firent furent long-tems débattues de

---

(*d*) Pendant la nuit du 16 au 17 Mai, M^{rs} de *Ville-Fort* Sous-Lieutenant des Grenadiers de Piedmont, & de *Villonier* Lieutenant au Régiment de la Cour au Chantre, furent tués : les Officiers bleffés furent M^{rs} de *Conftantin*, Capitaine de Grenadiers, de la *Merie*, Lieutenant aux Grenadiers du Régiment de Piedmont, de *Sauvageron*, Lieutenant au Régiment d'*Orléans*, & de *Courfonne* Lieutenant des Grenadiers au même Régiment. Le 18 Mai, M^{rs} de *Regemorpes*, Sous-Briga-dier des Ingénieurs, de la *Chaife*, Chef de Brigade, & de *Montifault*, Lieutenant au Régiment de Normandie, Ingenieur volontaire, furent bleffés. Le 19 M. de S. Laurent, Capitaine au Régiment de Piedmont, fut tué à l'entrée de la fappe. M. *Mazin* Ingénieur, fut bleffé d'un coup de feu dans la cuiffe pendant la nuit du 20 au 21.

(*e*) Ce fut le 21 Mai fur les quatre heu-res du foir.

part & d'autre ; le R o i ne put les accorder , les ôtages furent renvoyés , & les hostilités recommencerent.

Un détachement de cent cinquante Maitres de la Gendarmerie, prit poste à l'entrée du premier boyau de la tranchée ; on forma un logement dans la place d'armes rentrante du chemin couvert, qui étoit commun au bastion blandinois, & à la branche droite de l'ouvrage à corne , & l'on travailla ensuite à l'établissement d'une batterie pour ruiner les défenses de ce bastion : on prépara les bois & les fascines nécessaires pour la construction du pont de la brêche faite au corps de la place, par la batterie de huit piéces de canon, qui étoit sur la courtine, & qui servit à élargir la brêche entamée par sept autres piéces de canon, qui étoient au haut du chemin couvert : le progrès des travaux, la vivacité du feu de ces deux batteries, & tant d'autres dispositions, bien capables d'opérer en peu de jours la ruine de Tournai, obligerent le Gouverneur à faire replanter le drapeau blanc sur la brêche : (*f*) les ôtages

(*f*) L e Gouverneur de Tournay se rendit le 22 Mai 1745 ; la Capitulation fut signée le 23 , & portoit. 1°. Que le lendemain à la pointe du jour une des portes de la Ville seroit remise aux Troupes du Roi, & qu'à deux heures précises après midi, toutes les Troupes Hollandoises seroient entrées dans la Citadelle. 2°. Que le lendemain quatre heures du matin , des Commissaires des Guerres & de l'Artillerie de l'Armée du Roi, se rendroient à Tournay , pour dresser conjointement avec les Commissaires des Etats Généraux, les Etats d'Artillerie , vivres, munitions de Guerre, &c. 3°. Que le Roi vouloit bien donner ses Ordres pour le traitement des blessés qui resteroient dans la Ville , & qui suivroient le sort de la garnison de la citadelle lors de sa reddition. 4°. Que le Roi vouloit bien après que la garnison seroit rentrée dans la citadelle, accorder au Commandant des Troupes Hollandoises la permission d'envoyer un Courier aux Etats Généraux , pour recevoir leurs ordres au sujet de la reddition de la place ; & que sa Majesté accordoit les huit jours demandés pour en recevoir la réponse, promettant de ne point faire commencer l'attaque de la citadelle avant le premier Juin , que pendant ces huit jours, les choses resteroient dans l'état où elles étoient par raport à la citadelle, que les hostilités cesseroient de même que tous les travaux, à la reserve d'une ligne qui seroit tirée & élevée sur l'esplanade entre la citadelle & la ville, pour la sûreté, tant des Troupes de Sa Majesté que des Troupes Hollandoises ; & que cette ligne seroit gardée par les troupes du Roi. 5°. Que Sa Majesté ne feroit point attaquer la citadelle sur toute l'étendue de l'esplanade ni des deux parties du rempart qui joignoient la ville à la citadelle. 6°. Que la citadelle de son côté, ne tireroit sur la ville sous aucun prétexte. 7°. Que le Paté de S. Martin resteroit neutre, ainsi qu'il en avoit été usé au dernier Siege. 8°. Qu'il seroit permis à M. le Baron d'*Arth* de laisser dans la ville un Officier ou Commissaire pour s'adresser à celui qui y commanderoit, afin d'avoir son assistance ,

furent

furent envoyés de part & d'autre, les propofitions furent remifes au ROI, & la capitulation fut fignée le lendemain : le Gouverneur de Tournai s'enferma dans la citadelle avec la garnifon qui lui reftoit, & SA MAJESTÉ eut la bonté de lui accorder un délai de huit jours, pour informer les Etats Généraux de fa fituation.

LE Monarque profita de cette fufpenfion, pour faire éclater fa générofité ; il remplaça les grands emplois des Généraux qui n'exiftoient plus, & qui avoient répandu leur fang pour le falut de la patrie ; il donna aux uns des régimens & des penfions, les autres furent faits chevaliers, revêtus de grades d'honneur, & gratifiés par des Gouvernemens ; enfin le ROI répandit fes bienfaits, fuivant fa juftice diftributive, fur tous les Officiers qu'il avoit vu combattre & commander fous lui.

Siége de la Citadelle de TOURNAI.

AUSSITOT que le Gouverneur de Tournai eut reçu l'ordre des Etats Généraux de fe défendre jufqu'à la derniere extrémité, il en fit informer le ROI, & la tranchée fut ouverte fur le champ devant la citadelle. (*a*)

COMME il avoit été arrêté dans la capitulation de la ville, que le Gouverneur recevroit dans la citadelle, les femmes & les enfans qui appartenoient à la garnifon, le ROI les lui envoya ; la porte de la citadelle leur fut refufée, & le Commandant les aban-

---

pour la police, les plaintes où les chofes dont is pourroient avoir befoin. 9°. Que M. le Baron d'Orth laifferoit un Officier de mineurs, pour indiquer à ceux du Roi, les mines & fouterrains dépendans de la ville, lequel feroit renvoyé dans la citadelle au bout de huit jours.

LES Officiers Généraux qui monterent la tranchée pendant le Siége, furent M^{rs}. le Prince de *Pons*, le Marquis de *Brezé*. le Duc de *Luxembourg*, le Comte d'*Eftrées* & le Comte de *Langeron*, Lieutenans Généraux ; le Marquis d'*Armentieres*, le Marquis de *Souvré*, le Duc de *Chevreufe*, Le Marquis de *Rubempré*, le Duc d'*Aumont*, le Duc d'*Ayen*, le Duc de *Chaulnes*, le Chevalier d'*Aguefféau*, le Marquis de *Crequi*, & le Marquis de *Muy*, Maréchaux de Camp ; *Degravelle* & le Marquis de *Chambonnas*, Brigadiers.

LE Marquis de *Meufe*, Lieutenant Général, fe trouva à l'attaque de l'ouvrage à corne en qualité d'aide de camp du Roi.

(*a*) LA nuit du 31 Mai au premier Juin le Regiment des Gardes Françoifes ouvrit la tranchée devant la citadelle de Tournai.

donna fur les glacis : ces innocentes victimes feroient péries de faim & de mifere, fi SA MAJESTÉ ne les eût pas fait retirer, fi elle ne leur eût pas fait donner des vivres , & fait fournir des voitures pour les tranfporter à Gand , où elles arriverent en publiant la gloire & les vertus du vainqueur.

LA tranchée ouverte , on commença à battre la citadelle avec foixante mortiers , & une batterie de fix piéces de canon ; la violence du feu de ces batteries caufa un fi grand défordre chez les afliégés , qu'ils abandonnerent fur les glacis cent cinquante chevaux de cavalier, n'ayant pas de quoi les nourrir : les François s'occuperent enfuite à refferer la garnifon de la citadelle , & à empêcher les forties ; on commença une parallele du haut de la branche droite de l'ouvrage à corne de S. Martin, fur le ruiffeau Derre vers Pontarieu, on conftruifit une redoute à l'extrémité de l'angle faillant du chemin couvert , & l'on forma dans le foffé de communication de la ville à la citadelle, deux zigzags qui aboutiffoient à la derniere tour de la vieille enceinte de la ville.

PLUS les travaux des François avancerent, plus leurs batteries augmenterent ; ils établirent des mortiers pour des bombes de cinq cent, appellées comminges, (*b*) & à la faveur d'une branche de zigzags, pouffée très-loin dans le foffé de communication de la ville à la citadelle , le mineur perça la contrefcarpe pour la foüiller & éventer les mines des afliégés.

LA premiere fortie que les ennemis tenterent, (*c*) pour combler les travaux des François, ne leur réuffit pas ; la brave réfiftance des afliégeans fit échoüer leur deffein ; ils furent repouffés, fe retirerent en défordre, & perdirent plus de quatre-vingt hommes tués ou bleffés.

LES nouvelles batteries Françoifes ayant commencé à tirer, les afliégés réunirent toutes leurs forces fur les zigzags dans le foffé , & firent une feconde fortie de leurs traverfes, (*d*) pour

---

(*b*) Ces bombes font beaucoup de bruit & de fracas , peu de voutes leur réfiftent.

(*c*) Ce fut le 4 Juin au point du jour : cette fortie étoit de 800 hommes avec des travailleurs. M. de Graville , Maréchal de Camp , commandoit la tranchée.

(*d*) CETTE feconde fortie fe fit pendant la nuit du 5 au 6 Juin.

se jetter de dessus le chemin couvert sur les zigzags , & les faire abandonner ; à peine les ennemis se furent ils présentés , que les grenadiers de tranchée les obligerent de se retirer : les deux sorties que les assiégés firent encore dans la suite (*e*) n'eurent pas un succès plus heureux.

L'ATTAQUE de cette citadelle fut suivie avec de grandes précautions ; le ROI comme un autre Themistocle , ne voulut point qu'on exposât ses soldats mal à propos ; ce Monarque rempli d'humanité, toujours prêt à faire du bien & à soulager jusqu'à ses ennemis qui recouroient à ses bontés , ayant appris que le Baron d'*Orth* , Gouverneur de la citadelle de Tournai, y étoit tombé dangéreusement malade, (*f*) il lui permit de venir loger dans la ville, & le Baron de *Brackel* prit seul le commandement & la direction des opérations nécessaires pour la défense de la place.

LA clémence de SA MAJESTÉ n'empêcha pas le progrès des travaux, puisque dès le lendemain les assiégeans se trouverent en état de battre en brèche le bastion d'Anjou.

LA brèche étant devenue en peu de jours très-praticable pour un grand nombre de troupes ; on résolut de doubler la garde de la tranchée pour s'emparer du chemin couvert : les assiégés s'en étant apperçus, & le Commandant de la place ayant fait sauter jusqu'à lors quantité de fourneaux, & employé pour sa défense, tout ce que l'on pouvoit attendre d'un brave Officier, fit planter le drapeau blanc sur la brèche. (*g*)

(*e*) LES 8 & 12 Juin.

(*f*) LE 14 Juin.

(*g*) LE Drapeau blanc fut arboré sur la brèche le 19 Juin, il fut convenu par la Capitulation signée le 20. 1°. Que le Régiment des Gardes Françoises prendroit possession de la porte Royale, le même jour 20, à quatre heures après midi. 2°. Que SA MAJESTÉ très-chrétienne vouloit bien accorder à la garnison de la citadelle, de ne sortir que le 24 huit heures du matin, pour donner le tems aux Officiers de la garnison de s'arranger & d'emporter leurs effets. 3°. Que SA MAJESTÉ très-chrétienne vouloit bien accorder à la garnison de sortir avec les honneurs de la guerre, quatre piéces de canon & deux mortiers, aux armes de la République, ainsi que douze coups à tirer par chaque piéce, & vingt-quatre coups par homme : mais sans chariots couverts. 4°. Que les troupes de cette garnison ne pourroient porter les armes contre sa MAJESTE' très-chrétienne ni contre ses Alliés, jusqu'au premier Janvier 1747, & qu'elles ne feroient aucune fonction militaire, de quelque nature que ce pût être, pas même de garnison dans les places les plus reculées de la frontiere.

Ce Commandant exécuta bien ponctuellement les ordres qui lui avoient été donnés ; il ne se rendit , pour éviter l'assaut qu'on

5°. Que ni les Officiers , ni les Soldats de cette garnison, ne pourroient pareillement être incorporés dans d'autres régimens , pendant ledit tems, ni passer à aucun service étranger. 6°. Que Sa Majesté très-chrétienne vouloit bien accorder le pardon à tous les déserteurs de ses troupes, qui se trouvoient dans la citadelle, à condition qu'ils retourneroient aussitôt aux régimens dont ils avoient déserté. 7°. Que le cours de la justice seroit continué & exercé dans la ville au nom de Sa Majesté très-chrétienne. 8°. Que les Habitans qui voudroient sortir de la ville ou de la citadelle pour se retirer ailleurs avec leurs familles & effets , pourroient le faire librement pendant l'espace de trois mois, à commencer du jour de la capitulation ; & qu'à cet effet on leur donneroit les passe-ports & sauve gardes nécessaires.

Les Officiers Généraux qui monterent la tranchée pendant le Siége , furent Mrs le Comte de la *Marck*, le Marquis de *Contades*, le Comte de *Graville*, le Comte de *Beuvron*, le Marquis de *Souvré*, le Duc de *Chevreuse*, le Marquis de *Rubempré*, le Duc d'*Aumont*, le Prince de *Soubise*, le Duc de *Chaulnes*, le Chevalier *Daguesseau*, le Comte de *Logny Montmorency*, le Marquis de *Mezieres*, le Marquis de *Crequy*, le Comte du *Muy*, le Marquis *Danlezy*, le Marquis de *Sourches*, le Comte de *Rosen* & le Comte de *Fitz-James*, Maréchaux de Camp.

La Garnison sortit de Tournai le 24 Juin 9 heures du matin, par la porte des sept fontaines, le Roi, accompagné de Monseigneur le Dauphin, vit défiler devant lui cette garnison, composée d'environ cinq mille hommes ; ensuite, le Monarque entra dans la ville, il reçut à la premiere barriere les respects des Magistrats, qui avoient à leur tête le Prince de *Tingry*, Lieutenant Général au Gouvernement de Flandre, qui présenta à Sa Majesté les clefs de la ville, & l'on commença le 26 à démolir les ouvrages extérieurs de Tournai.

Remarques sur la ville de Tournai.

Apres que Tournai eut été pendant 130 ans une des principales clefs de la France, elle devint en 1709 une des plus fortes barrieres des ennemis : cette ville des Pays-bas est située sur l'Escaut, qui la divise en deux villes, & qui sont jointes ensemble par un pont. Toute la ville est entourée d'une ancienne muraille qui fut élevée en 1297, & sur laquelle il y a 55 tours rondes. Louis XIV fit construire sur cette enceinte un rempart, garni d'un bon & suffisant parapet ; cette enceinte est défendue par neuf bastions détachés, & par un ouvrage à corne, avec un bon chemin couvert, le tout revêtu de maçonnerie, & c'est ce qui compose la moitié des fortifications de la ville au nord-est : la plupart de ces ouvrages sont sur un fond de roche, ce qui rend l'approche de la ville assez difficile : le grand fossé de ce côté-là peut être innondé par les écluses qui retiennent les eaux de l'Escaut au-delà de la ville. L'autre moitié de la place au sud-ouest, est fortifiée de six bastions détachés de l'enceinte, d'un fer à cheval, de trois ouvrages à corne, dont deux sont traversés, outre deux pâtés cazematés & garnis de galeries qui ont communication avec la citadelle ; le tout revêtu de maçonnerie, & défendu par un bon chemin couvert : le grand fossé est sec & a plusieurs traverses pour le défendre.

Tournai étoit une des principales villes des Gaules, lorsqu'elle fut ravagée par les barbares au commencement du cinquiéme siécle ; elle fut prise sur les Romains dans le même siécle, par Clodion Roi de France. Chilperic I. Roi de Soissons & petit-fils de Clodion se sauva dans Tournai l'an 575 ; Sigebert Roi d'Austrasie l'y assiégea

lui

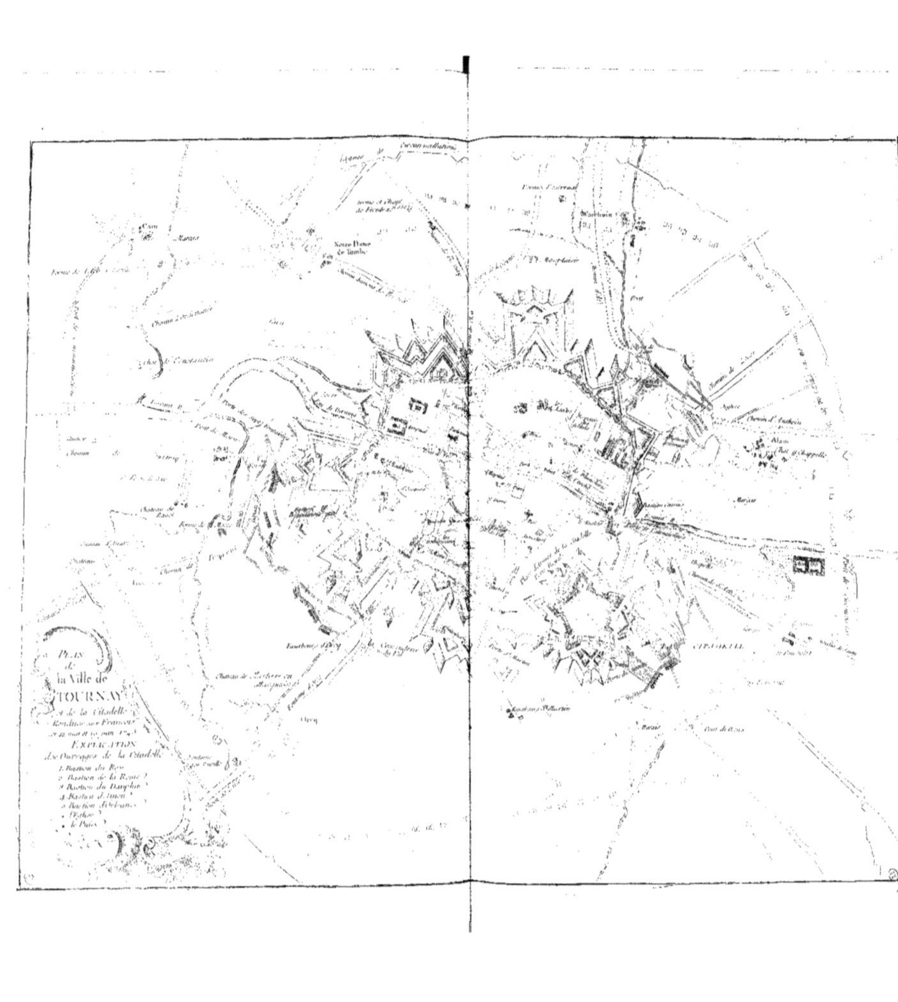

Plan
de
la Ville de
TOURNAY
et de la Citadelle
Rendue aux François
le 22 mai et 19 juin 1745
EXPLICATION
des Ouvrages de la Citadelle
1. Bastion du Roy
2. Bastion de la Reine
3. Bastion du Dauphin
4. Bastion d'Anjou
5. Bastion d'Orléans
6. l'Église
7. le Puits
CITADELLE

lui préparoit, qu'après que toutes les batteries de la citadelle furent presque démontées, que les puits furent infectés, & que la poudre eut commencé à lui manquer.

& fut affaffiné dans fon camp la même année ; Chilperic en fortit l'année fuivante. Par le traité d'Arras, lorfque Charles VII. céda une partie de la Picardie au Duc de Bourgogne, ce Roi fe réferva Tournay ; après la mort du Duc, Louis XI. s'en rendit maître abfolu & y mit garnifon françoife en 1477 ... fous le regne de Louis XII. en 1513, l'Empereur Maximilien & Henry VIII. Roi d'Angleterre en firent le fiége & la prirent ... en 1517, l'Angleterre l'a rendit à la France ; mais en 1521 la guerre ayant été déclarée entre l'Empereur Charles V. & le Roi François I. la ville fut affiégée & prife par les Impériaux ; fous les ordres du Comte de Naffau ... Par le traité de Madrid, après la bataille de Pavie, le Roi François I. céda à l'Empereur & à fes héritiers fucceffeurs, la ville de Tournay avec fes dépendances & annexes ; ce qui fut confirmé par les traités de Cambray en 1529, de Crepy en Laonnois en 1544, & par celui du Cateau-Cambrefis en 1559. Le Roi Louis XIV. affiégea & prit Tournay en quatre jours, le 26 Juin 1667 : ce Monarque y fit bâtir à la porte, du côté de l'Efcaut, quatre moulins qui ont fait fubfifter une armée de cent mille hommes, chaque moulin pouvant moudre cinq raziéres de bled par heure.

Louis XIV. fit bâtir la citadelle de Tournay en 1672, fuivant le plan de M. de *Mégrigny* fameux Ingénieur ; cette Citadelle eft un Pantagone régulier, dont le diametre eft de deux cens cinquante toifes : Louis XIV. l'étant venu voir, & M. de *Mégrigny* qui en avoit le commandement, ayant demandé à Sa Majefté fi elle y trouvoit quelques défauts : Ce Monarque lui répondit qu'il n'y manquoit que quatre roues pour la faire tranfporter où il en feroit befoin.

Remarques de M. Peliffon fur cette Citadelle.

» LA Citadelle de Tournay, dit M. » *Peliffon*, eft d'une force admirable, c'eft » un très-grand & très-beau travail ; les » catacombes, où Rome fouterraine font » là en petit ; pas fi petit pourtant, que qui » mettroit enfemble tous les tours, détours » & rameaux de ces voutes fouterraines, » ne fît plus de deux lieuës ; car non-feulement tout eft contreminé fous les baftions » & fous le corps de la place entiere, mais » auffi fort loin au-delà des dernieres contrefcarpes fous les glacis ; la difficulté eft » qu'il faudroit un homme très-habile pour » s'en bien fervir, & qu'il eût étudié la » carte des lieux fur terre & fous terre ; car » ceux même qui nous conduifirent, fe » tromperent quelquefois à juger de l'endroit où nous étions ; & quiconque feroit » dans ces fouterrains fans guide, en fortiroit plus difficilement, que *Thefée* du » labyrinthe.

T

CHAPITRE SECOND.

Choc de *MELLE*.

A VA N T de parler du combat de Melle , où les Graffins fe diftinguerent avec tant d'éclat , fuivons l'armée du Roi dans la marche qu'elle fit , après s'être repofée pendant quelques jours fur les nouveaux lauriers qu'elle venoit de cuëillir;

L'ARMÉE ayant quitté le camp fous Tournai, (*a*) paffa l'Efcaut & marcha fur cinq colonnes ; le R o i , accompagné de M. le Dauphin , fe mit à la tête de fa Maifon & de la Gendarmerie, qui formoient la colonne du centre , & l'armée arriva dans la plaine de Leuze , où elle campa fur le bord de la Teure. (*b*)

L E lendemain le R o i , toujours accompagné de M. le Dauphin , vit avec plaifir le fameux champ de bataille , où le Maréchal de *Luxembourg* , avec vingt-huit efcadrons de cavalerie, en battit foixante & quinze des Alliés , commandés par le Prince de *Waldeck* , & leur prit quarante étendarts : (*c*) L o u i s XIV. trouva cette action fi glorieufe & fi belle, qu'il fit frapper une médaille à ce fujet.

L E s Alliés qui avoient perdu avec la bataille de Fontenoy, l'efpérance d'en pouvoir foutenir une autre, pafferent la Dendre; (*d*) le même jour, un détachement de Hullans, de Huffards de Lynden & de Beauffobre , enleva aux ennemis un convoi de vingt-cinq chariots de pain, fur la chauffée qui fe trouve entre Mons & Grammont, & le lendemain l'armée marcha à Rebay, où elle campa.

A u s s i - t o t que notre armée eut quitté le camp de Rebay, pour aller occuper celui de Vambeck, & celui de la chartreufe de Grammont, où elle féjourna, M. *Duchayla*, Lieutenant Général,

---

(*a*) L E premier Juillet 1745.

(*b*) L A *Teure* petite riviere qui prend fa fource dans les environs de Leuze.

(*c*) L E combat de Leuze fe donna le 18 Septembre 1691.

(*d*) C E fut pendant la nuit du 2 au 3 Juillet 1745.

Defaite de six milles hommes
des alliés à mélo le 9. Juillet
1745.

fut détaché avec les brigades de Normandie & de Crillon infanterie, les Brigades du Roi, Royal Etranger, Berry cavalerie & huit cent Graffins, pour jetter un pont fur l'Efcaut, entre Gand & Dendermonde, dans un endroit où cette riviere forme un ance confidérable, & propre à s'y retrancher.

L E Comte de *Lowendal*, Lieutenant Général, fut auffi détaché avec les régimens de Meftre de Camp Général, Royal, Asfeldt, d'Egmont dragons, & quatre régimens de Grenadiers Royaux, ayant fous lui le Duc de *Chevreufe*, & le Comte d'*Hérouville* Maréchaux de camp, pour fe porter fur la gauche de l'Efcaut, pendant que l'armée marcheroit entre cette riviere & la Dendre : on verra dans la fuite, que l'objet de ce détachement étoit de furprendre la ville de Gand, en conciliant fes mouvemens avec ceux que feroit le corps de troupes que commandoit M. *Duchayla*.

A peine notre armée fut-elle arrivée à Boft, où elle campa, que M. *Duchayla* marcha à la tête de fon détachement, avec vingt pontons & vingt piéces de canon, pour jetter un pont fur l'Efcaut, afin d'empêcher fix mille Anglois poftés à Aloft (*e*) d'entrer dans la ville de Gand & d'en augmenter la garnifon : un petit détachement de Huffards ennemis, voulut reconnoître le chemin de Gand, les Graffins qui tenoient la même route, rencontrerent nos fiers ennemis, qui furent battus & obligés de fe retirer ; les fix mille Anglois informés de cette fatale rencontre, partirent fur le champ d'Aloft pour s'en venger, & dans le deffein d'envelopper nos Graffins qui couvroient la marche de M. *Duchayla*.

CE fut en cette occafion, que M. *Graffin* donna des preuves de fa valeur & de fon expérience ; ce brave Commandant à la vuë des ennemis, fe jetta à la hâte dans la cenfe de Naffem ; & des hayes & de l'enceinte de cette cenfe, il fit faire un feu fi vif & fi terrible fur les ennemis, qu'ils réfolurent d'en former le blocus : les Anglois fe fioient tellement fur leurs forces, qu'ils crurent

______

(*e*) ALOST, Ville des Pays-Bas dans le Comté de Flandre ; M. de *Turenne* la prit en 1667. & la fit démanteler : les François l'abandonnerent aux Alliés auffi-tôt après la bataille de Ramillies, en 1706. elle eft entre Gand & Bruxelles.

obliger M. *Graffin* à se rendre dès qu'il en seroit sommé, n'imaginant pas que ce Commandant avec sa troupe , eut l'audace de résister à six mille hommes. Cet excès de confiance fit perdre aux Anglois le moment d'où dépendoit leur salut ; voila comme on laisse souvent échaper la victoire faute de la brusquer, lorsque les conjonctures le demandent. La ferme résistance des Graffins , fit éprouver aux ennemis que rien ne peut l'emporter sur un courage déterminé , & les trop grandes précautions des Anglois, donnerent le tems à M. *Duchayla* d'arriver près de l'abbaye de Melle (*f*) avec les troupes qu'il commandoit.

Les ennemis , informés de l'arrivée du détachement de M. *Duchayla*, abandonnerent aussitôt Nassem pour se porter à Melle ; ils s'emparerent bien facilement des pontons & des canons qui suivoient ce détachement , parce que nos troupes excedées de fatigues , attendoient en repos que leur camp fut marqué & que leurs armes fussent debarrassées ; ce rayon de prosperité ne tarda pas à s'éclipser , & la fortune fit bientôt volte face aux ennemis.

Les Anglois faisoient déjà marcher du côté de Gand , les pontons & les canons qu'ils venoient d'enlever ; lorsque la brigade de Crillon qui se porta droit aux ennemis les arrêta dans leur marche : cette brigade animée par l'exemple de Messieurs de *Graville* & de *Souvré* soutint seule le premier choc, avec une valeur incroyable, & donna le tems à celle de Normandie de prendre les armes & de venir à son secours ; le regiment de Laval suivit de près la brigade de Normandie , il reprit les vingt pontons & les vingt piéces de canon, qui furent pointées dans le même instant contre les ennemis ; M. *Duchayla* à la tête de ses quatorze escadrons, appuyoit notre infanterie, & empêchoit les Anglois de la prendre en flanc.

Dés le premier coup de canon, les Graffins jugerent avec raison que les François étoient aux mains avec leurs ennemis. Comme il étoit juste qu'ils eussent part à la gloire que le détachement de M. *Duchayla* ne pouvoit pas manquer d'acquérir ; ils tom-

(*f*) L'Abbaye de Melle est à une lieue | de Gand.

berent

berent fur les Anglois qu'ils mirent entre deux feux : toutes nos troupes donnerent avec tant d'acharnement , que fans la priva-tion du jour qui éclaira cette victoire , il ne feroit pas réchappé un feul homme des ennemis.

Ce combat fut très-opiniatre , les Anglois rompus de toutes parts prirent la fuite du côté de l'Efcaut, où beaucoup fe noyerent; on leur tua fix cens hommes , on leur fit onze à douze cens pri-fonniers , avec un grand nombre d'Officiers , parmi lefquels il y eut un Milord; les François eurent trois cens hommes tués ou bleffés. (*g*)

(*g*) Cette action fe paffa le 9 Juillet 1745. M. le Comte de *Graville* fut bleffé legerement, les Graffins enleverent quan-tité de chevaux & d'équipages des en-nemis.

V

CHAPITRE TROISIÉME.

Escalade & Prise de G A N D.

LE pont d'Espieres, (a) si renommé dans l'histoire par la marche extraordinaire de l'armée commandée par le Maréchal de Luxembourg, sous les ordres de Monseigneur, deviendra célébre à jamais, par le poste que le Comte de *Lowendal* y prit pour marcher à la fameuse escalade de Gand. (b)

CE fut là que ce Général reçut les derniers ordres de SA MAJESTÉ; M. *Duchayla* fut aussi chargé par le ROI de la même expédition; ces deux Généraux, autant connus par leur expérience que par leur bravoure, se porterent sur Gand, l'un par la droite, & l'autre par la gauche de l'Escaut : lorsque le Comte de *Lowendal* fut arrivé à portée de Gand, il fit insulter le front de cette place, entre la porte Saint Pierre & l'Escaut; (c) quoique le fossé fut large, profond & rempli d'eau, les troupes commandées pour une si grande entreprise, où il paroissoit de la témérité, se jetterent néanmoins dans ce fossé avec autant de hardiesse que de vivacité, & la Place fut emportée l'épée à la main. Ce succès important ne couta aux François, qu'un Lieutenant tué d'un coup de fusil, & deux Dragons noyés.

LE feu des François servit de signal à M. *Duchayla*, pour s'approcher de la ville; ce Général fit tirer quelques coups de canon du

---

(a) EN 1694. le 22 Août, Monseigneur, & M. le Maréchal de Luxembourg quitterent Vignamont, & se porterent au Pont d'Espieres; l'Armée fit 40 lieues en quatre jours, & par cette promptitude, Monseigneur, moins fort de moitié que le Prince d'Orange, garantit toutes nos frontieres & les places maritimes qui étoient menacées par la flotte ennemie.

(b) GAND, grande & belle Ville, capitale de la Flandre Autrichienne, & du quartier de Gand, avec un fort château bâti par l'Empereur Charles V, pour tenir en bride les habitans, & un Evêché suffragant de Malines, érigé par Paul IV en 1559. Les édifices publics y sont en grand nombre & magnifiques; elle est au confluent de l'Escaut, la Lis, la Lieve, & la Moere, qui avec les différens canaux la coupent en 26 Isles, à 9 lieues d'Anvers, 11 de Malines, 10 & demie de Bruxelles, 8 de Middelbourg & 66 de Paris.

(c) LE 11 Juillet 1745, à trois heures du matin.

SIEGE DE GAND
et du Chateau
rendus les 11. et 15. Juillet
1745

côté de la porte impériale, qui lui fut bien-tôt ouverte par le détachement de M. de *Lowendal* : (*d*) la garnison, composée de huit cens hommes, se retira avec précipitation dans le Château, sous les ordres du Baron de *Kisegheim*, où quatre jours après elle fut faite prisonniere de guerre ; les Généraux François donnerent ensuite des ordres si sages & si précis, pour empêcher le désordre que les troupes victorieuses auroient pû faire, que les habitans de Gand qui s'étoient couchés Autrichiens, furent moins surpris en se réveillant, de se voir sous la domination Françoise, que du bon ordre qui avoit été établi dans leur ville ; le calme qui y regnoit leur réprésentoit une véritable paix, quoiqu'ils fussent au milieu de la guerre.

CE nouveau triomphe, priva les ennemis de toute communication avec la Flandre maritime, il assura à l'armée du Roi des subsistances abondantes pendant le reste de la campagne, & lui ouvrit les chemins des plus riches cantons des Pays-bas Autrichiens ;

(*d*) M. de *Lowendal* avoit sous lui M. le Duc de *Chevreuse*, & M. le Comte d'*Herouville de Claye*, Maréchaux de Camps.

Remarques sur la Ville de Gand.

CE fut dans cette ville que se fit en 1576. le fameux traité, que l'on nomma *la pacification de Gand*, & qui tendoit à calmer les troubles des Pays bas ; cependant les Gantois ne purent rester tranquilles, & se donnerent au Prince d'*Orange* : la cabale & l'esprit de revolte, qui se sont trouvés de tous tems chez les Gantois plus forts que la raison, leur fermant les yeux sur leurs propres interêts, leur ont souvent fait choisir un maître dont ils ne tardoient pas à se repentir. En 1584, Gand se soumit de nouveau à l'Espagne. M. le Maréchal d'Humieres, chargé de faire le siége de cette place en fit l'investissement le premier Mars 1678. LOUIS XIV se rendit à ce Siége le quatre, la tranchée fut ouverte le cinq au soir ; le 6 nos troupes firent un logement sur la contrescarpe, le 7 & le 8 on emporta quelques déhors, & le 9 sur les huit heures du matin, Dom Francisco Pardo, Gouverneur pour les Espagnols, fit battre la chamade, ayant encore devant lui le fossé plein d'eau & la muraille qui n'étoit pas entamée ; mais le secours qu'il attendoit des inondations n'avoit pas réussi comme il l'esperoit. Ce même Gouverneur se retira dans le Château avec sa Garnison ; LOUIS XIV fit commencer les travaux, pour le siége de ce Château, le même jour 9 au soir ; on travailla tant déhors que dans la Ville, & le Gouverneur se rendit le 12. La Garnison fut conduite à Anvers : Elle étoit composée de trois cens soldats, & de six cens cavaliers... Par le traité de Nimégue, LOUIS XIV la rendit à l'Espagne, qui la garda jusqu'en 1706, que les alliés s'en emparerent après la bataille de Ramillies : les deux Couronnes, de France & d'Espagne, la reprirent le 5 Juillet 1708, sous les ordres de M. le Duc de Bourgogne ; M. de la Mothe en eût le commandement ; mais on fût obligé de la rendre le 30 Décembre de la même année.

les Alliés, qui étoient campés entre Ninove & Aloft, juftement allarmés de la prife de Gand, firent conduire leurs équipages à Bruxelles avec autant de célérité que d'inquiétude.

L e s François trouverent dans la ville de Gand pour plus de cinq cens florins d'effets, appartenans aux Anglois qui s'y étoient refugiés après la bataille de Fontenoi ; ils y trouverent aussi des magafins de farine, un armement confidérable de fufils, d'épées, de fabres, & l'habillement neuf & complet de plufieurs régimens ; plus de cinq cens mille rations de fourage, & quatorze mille facs d'avoine, beaucoup de canons, avec ceux que les Anglois avoient fait venir de chez eux, pour remplacer ceux qu'ils avoient perdus à la bataille de Fontenoi, dont vingt-fept piéces étoient en batteries fur le rempart, & le refte dans des bélandres, fur le canal, pour être conduites à Bruxelles : on y fit auffi plus de fix cens prifonniers, tant Anglois qu'Hannovriens qui s'y étoient retirés après la bataille, pour fe faire panfer des bleffures qu'ils y avoient reçues.

CHAPITRE

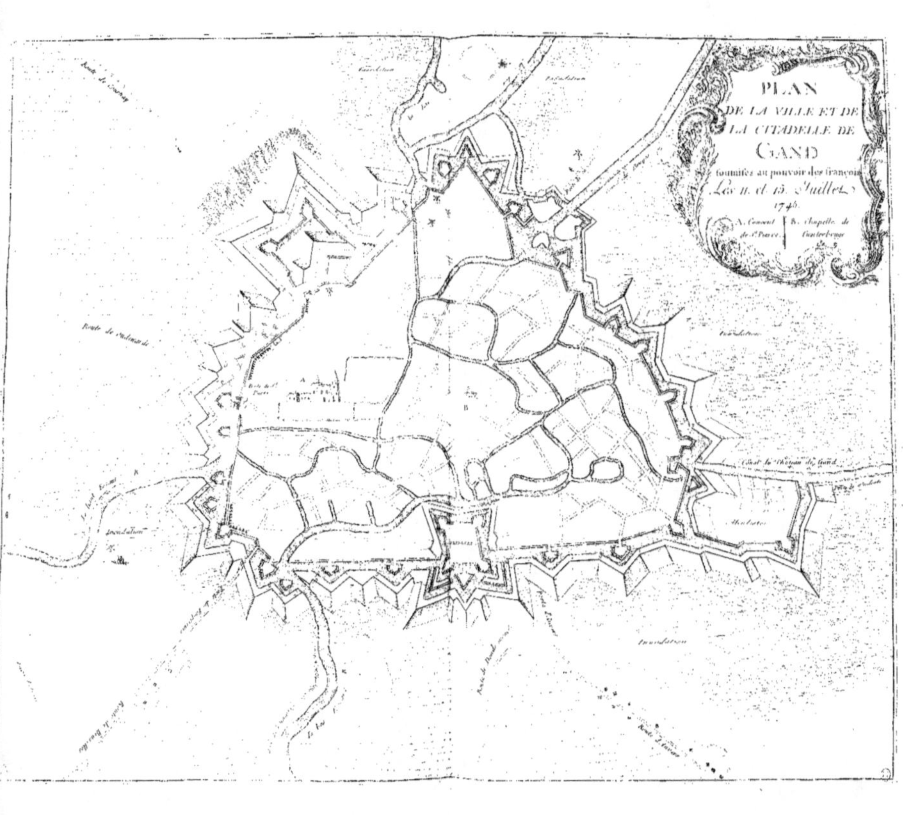

PLAN
DE LA VILLE ET DE
LA CITADELLE DE
GAND
soumises au pouvoir des françois
Les 11. et 13. Juillet
1745.
A. Couvent de S.t Pierre.
B. Chapelle de Canterberge

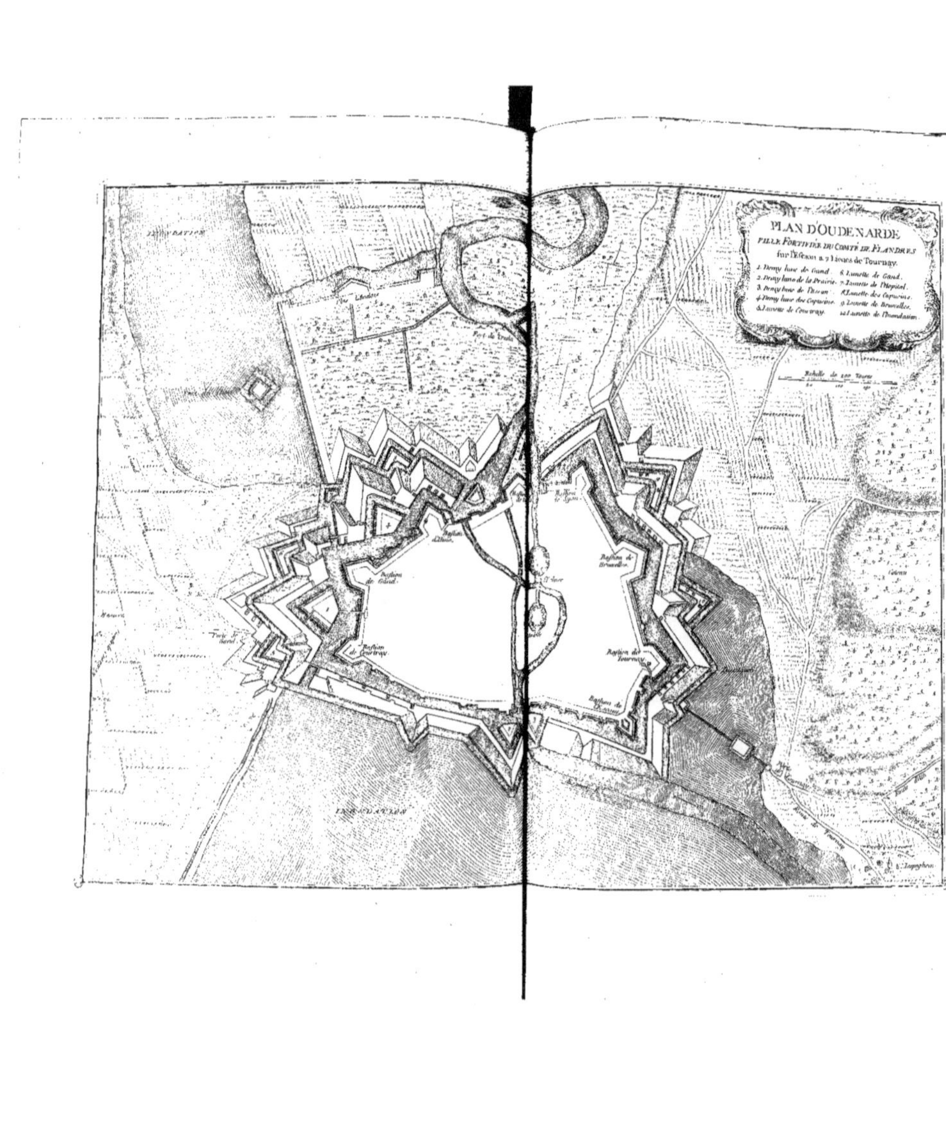

PLAN D'OUDENARDE
VILLE FORTIFIÉE DU COMTÉ DE FLANDRES
sur l'Escaut a 7 Lieues de Tournay.
1. Demy lune de Gand.
2. Demy lune de la Prairie.
3. Demy lune de Nieuau.
4. Demy lune des Capucins.
5. Lunette de Courtray.
6. Lunette de Gand.
7. Lunette de l'Hopital.
8. Lunette des Capucins.
9. Lunette de Bruxelles.
10. Lunette de l'Inondation.
Echelle de 200 Toises

CHAPITRE QUATRIÉME.

Siége d'OUDENARDE.

LEs Alliés n'eurent pas plutôt abandonnés les bords de la Dendre, que la brigade de Monnin, compofée de fix bataillons, marcha fur la rive gauche de l'Efcaut, & qu'elle s'empara des avenues d'Oudenarde dont le fiége avoit été réfolu.

LES brigades de Picardie, de Bouzols & de Bettens, partirent auffi le lendemain, & allerent joindre celle de Monnin, qui avoit déja paffé l'Efcaut, pour inveftir Oudenarde; (a) enfuite, l'infanterie de l'armée du Roi eut ordre de faire les gabions, les clayes, & les fafcines néceffaires pour le fiége : les gros équipages qui étoient reftés fous Tournai rejoignirent, & la place fut prefqu'auffitôt inveftie.

PENDANT que les troupes Françoifes faifoient les préparatifs convenables, pour l'ouverture de la tranchée devant Oudenarde; le Commandant à l'éclufe pour les Etats Généraux, envoya un détachement de Grenadiers, commandé par un Officier, avec un Ingénieur, pour couper les digues qui préfervoient de l'inondation, une partie des terres que la prife de Gand avoit mifes fous la domination de la France; les payfans s'étant apperçus que l'eau les gagnoit, & effrayés, avec raifon, du malheur dont cette inondation les menaçoit, ils s'attrouperent & fe rendirent à l'endroit où ces Grenadiers coupoient les digues; ils tuerent d'abord l'Ingénieur, fur lequel ils trouverent l'ordre du Commandant de l'éclufe, arrêterent l'Officier, avec vingt-cinq des Grenadiers qu'il avoit fous fes ordres, & les conduifirent tous à Gand : M. *Duchayla*, qui commandoit pour lors dans cette place, fit marcher fur le champ, un détachement de cent Dragons, avec autant de Graffins, pour veiller à la confervation de ces digues.

(a) OUDENARDE, riche & forte ville des Pays-bas dans la Flandre Autrichienne. Elle eft fur l'Efcaut à 5 lieues de Gand, 6 de Tournai, 12 de Mons & 11 de Bruxelles.

X

Le Marquis de *Souvré*, ayant sous lui quatre compagnies de Grenadiers, quatre Piquets, quatre cens Dragons & cent cinquante Grafflins, s'avança vers la ville de Bruges, (*b*) où il arriva dès la pointe du jour ; les Magiftrats de la ville, qui étoit fans garnifon, allerent au devant de lui, implorerent la protection du Roi, & offrirent d'ouvrir leurs portes : M. de *Souvré*, fe rendit à leur priere ; ce fage & généreux Commandant prit toutes les précautions néceffaires pour empêcher le défordre, & entra dans Bruges à la tête des troupes qu'il commandoit, (*c*) le Gouverneur de cette place fe fauva à Bruxelles, celui de Damme n'eut pas la même attention, il fe trouva dans la ville, & fut fait prifonnier de guerre.

Aprés que le Comte de *Lowendal*, chargé par le Roi de la conduite du fiége d'Oudenarde, eut fait ouvrir la tranchée, (*d*) les affiegés s'apperçurent que le travail n'étoit pas éloigné des ouvrages de la place, & firent un feu confidérable fur les travailleurs : cette vive réfiftance n'empêcha pas le progrès des travaux, ni de former une parallele depuis l'inondation près la porte de Tournai, jufques vers l'inondation près la lunette fur la capitale du baftion de Sion.

Les 14 pieces de canon, qui avoient été mifes en batteries, pendant l'ouverture de la tranchée, fur la montagne de Kerfelaerberg, tirerent le lendemain matin ; elles furent fi bien fervies,

---

(*b*) *B r u g e s*, belle, forte & grande ville des Pays - Bas dans la Flandre Autrichienne, avec un Evêché fuffragant de Malines : dans le grand marché il y a une maifon établie en 1411, appellée *l'Ecole de Bogards*, où l'on entretient environ 130 jeunes orphelins, les uns dans les Etudes, & les autres en différens métiers felon leurs talens.

Ce fut dans la ville de Bruges que Philippe le Bon Duc de Bourgogne inftitua *l'Ordre de la Toifon d'Or* au mois de Janvier 1430, & depuis cette inftitution, on y a tenu trois Chapitres de cet Ordre, dans les années 1432, 1468 & 1478 ... La ville de Bruges fut bombardée le 4 Juillet 1704 par les Hollandois, mais avec fort peu de fuccès... Cette ville fe foumit aux Alliés en 1706, après la bataille de Ramillies & la prife de Gand ... M. le Comte de la *Mothe*, Lieutenant Général, à la tête d'un corps de troupes Françoifes, en fit l'inveftiffement en 1708, la ville n'ayant qu'une petite garnifon & aucun fecours à efpérer du dehors, le Magiftrat fut obligé de fe rendre le 5 Juillet. Les Alliés y rentrerent en 1709 fuivant la capitulation de Gand, fignée le 30 Décembre 1708.

(*c*) Monsieur de *Souvré* entra dans Bruges le 18 Juillet 1745.

(*d*) La tranchée fut ouverte pendant la nuit du 18 au 19 Juillet.

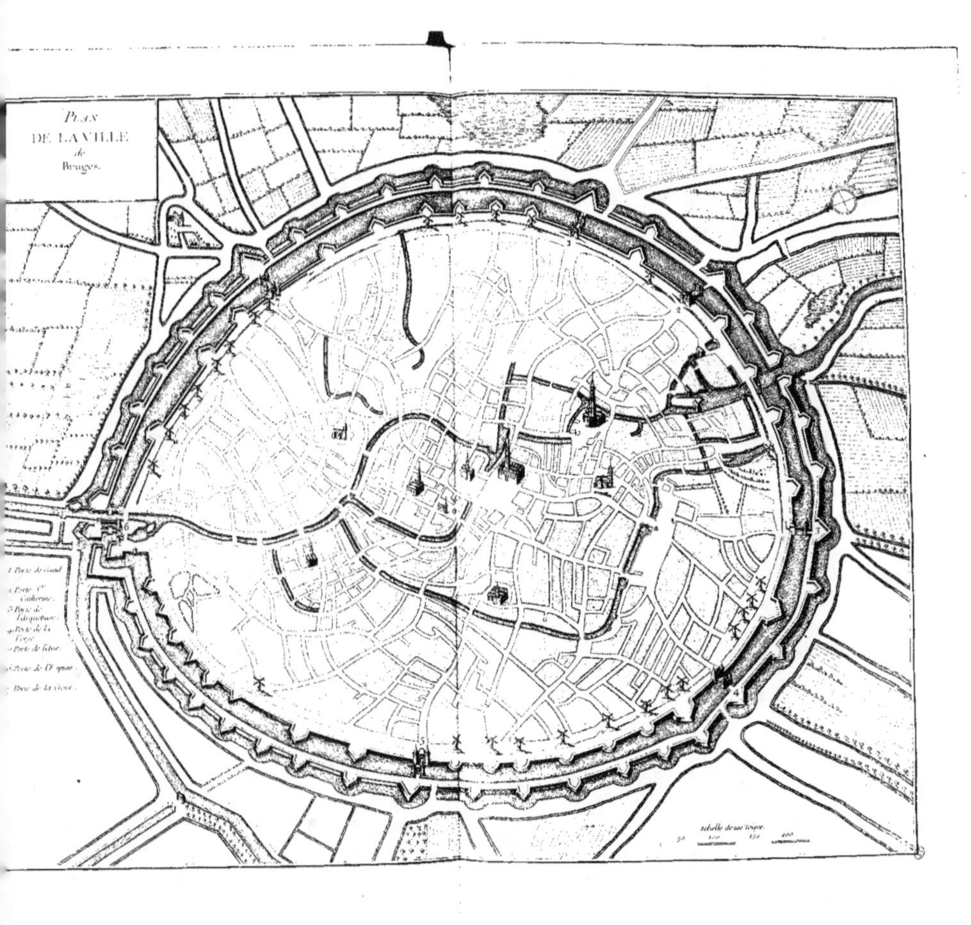

PLAN
DE LA VILLE
de
Bruges.
1 Porte de Gand
2 Porte Ste Catherine.
3 Porte de l'Esquichau.
4 Porte de la Croix
5 Porte de l'Ecluse.
6 Porte de l'Ostende.
7 Porte de la vigne.
échelle de 100 toises.

que dès la premiere salve, elles démonterent deux batteries des
assiegés : à peine la nuit fut-elle survenue, que trente six piéces de
canon & huit mortiers, furent en état de tirer ; tandis que ces
nouvelles forces faisoient un feu violent contre la place, on perfec-
tionna les ouvrages qui avoient été entrepris la nuit précédente, &
l'on commença à se porter en avant de la parallele par deux sap-
pes, l'une sur la capitale du bastion de Bruxelles, l'autre sur celle
de la lunette, revêtue dans le milieu de la courtine, entre le bas-
tion de Bruxelles & celui de Sion ; enfin, ces deux sappes furent
portées sur les angles saillans des chemins couverts. Le feu que les
François essuyerent pendant ces grandes opérations, & qui partit
des remparts fut lent & moderé, mais celui qui sortit de quelques
lunettes avancées fut vif & continuel. (*e*)

Aussitot que la communication des deux sappes fut entie-
rement perfectionnée, on ouvrit un débouché sur le retour du
haut de la sappe, portée dans la capitale du bastion de Bruxelles ;
& après que l'on eut fait un crochet, on se porta en pleine sappe
sur le bord de l'avant fossé, où dès ce moment, on ne cessa point
de jetter des fascines pour parvenir à le combler & y faire un
pont : l'artillerie des assiégeans augmenta de quatre mortiers, le
feu des assiegés se rallentit, & celui des François devint plus ter-
rible.

Un détachement de cinquante Maîtres par escadron de toute
la cavalerie, fut commandé pour porter les fascines au dépôt de la
tranchée devant Oudenarde ; le Gouverneur de cette place bien
informé du dangereux effet que cette nouvelle disposition com-
mençoit à produire, ainsi que du péril auquel il s'exposoit s'il ré-
sistoit plus long-tems, se trouva forcé à faire planter le drapeau
blanc : (*f*) les ôtages furent envoyés de part & d'autre le même

---

(*e*) Monsieur de *Charmois* Com-
missaire d'artillerie fut tué d'un coup de
canon, pendant la nuit du 19 au 20 Juil-
let, & le 21, M. de *Vernassal*, Brigadier
des armées du Roi, & Enseigne des Gar-
des du Corps, fut aussi tué dans la tran-
chée devant Oudenarde.

(*f*) Le Gouverneur d'Oudenarde se
rendit le 21 Juillet 1745, après trois jours
de tranchée ouverte, & la capitulation si-
gnée le 22, portoit ; 1°. que la garnison sor-
tiroit le 25 avec armes & bagages jusqu'à la
barriere, où elle mettroit bas les armes,
pour être conduite ensuite prisonniere de

jour , & la capitulation fut fignée le lendemain.

guerre , dans telle place qu'il plairoit au R o i ; 2°. Que les magafins , arfenaux & tout ce qui s'y trouveroit appartenir aux Alliés , feroit remis entre les mains des Commiffaires du Roi : 3°. que S a M a-j e s t é vouloit bien accorder fa protec-tion , tant aux habitans de la ville , que de la châtellenie. On trouva dans Oudenarde plus de cent mille rations de fourages , & trente deux piéces de canon , tant de fonte , que de fer.

L e 25 Juillet , le R o i , accompagné de M. le Dauphin , fe rendit fur les glacis d'Oudenarde , endeça de la porte de Tour-naï , & vit défiler devant lui la garnifon , qui mit enfuite les armes bas , & fut con-duite à Tournai.

L e s Officiers Généraux qui comman-derent la tranchée pendant le fiége d'Ou-denarde furent , M^{rs}. de *Zurlauben* , le Mar-quis de *Chiffreville* , le Marquis de *Mari-ganne* & le Marquis de *Jumilhac* , Maréchaux de camp ; ils avoient fous eux , M^{rs}. le Marquis de *Bouzols* , le Vidame de *Vaffé* , de la *Mothe Hugues* , & de *Chambon* Briga-diers.

Remarques fur Oudenarde.

C e t t e ville eft fituée dans une vallée où paffe l'Efcaut ; & à cent pas de fes foffés au midi , eft la montagne de Kerfelaerberg , d'où l'on découvre toute la place. En 1379 & 1384 , Oudenarde fut pillée par les Gan-tois , qui s'étoient révoltés contre leur Prin-ce. M. de Turenne la prit le 9 Septembre 1658... Elle fe rendit à M. le Maréchal d'Aumont le 31 Juillet 1667... Par le trai-té d'Aix la Chapelle en 1668 , elle demeura à la France qui la fit fortifier à la moder-ne... Le 20 Mai 1670 , le R o i L o u i s X I V , & la Reine fon époufe , y firent leur entrée & logerent dans le Château... M. de Vauban & le Marquis de Rannes la deffendirent en 1674 , contre les Efpagnols qui en firent l'inveftiffement le 14 de Sep-tembre , du côté de Gand , & les Impériaux de l'autre ; les Alliés , après avoir fait des lignes de circonvallation , ouvrirent la tran-chée le 20 , ayant trente piéces de canon en batteries ; ils voulurent attaquer la con-trefcarpe dont ils étoient trop éloignés ; ils furent repouffés , battus & obligés de lever le fiége , laiffant toutes fortes de munitions dans leur camp & dans la tranchée... Par le traité de Nimégue , la France la rendit à l'Efpagne... Elle fut à moitié détruite par un bombardement fait fous les ordres de M. le Maréchal d'Humieres les 24 & 25 Mars 1684 , & les Efpagnols la rétablirent... Elle reçut garnifon Françoife en 1701 ... Après la bataille de Ramillies en 1706 , le Duc de Malboroug s'en empara... La ba-taille d'Oudenarde fe donna le 11 Juillet 1708 , le commerce principal de cette ville confifte en tapifferies de haute-lice.

CHAPITRE

Siege de DENDERMONDE
rendu le 12 Aoust 1746.

CHAPITRE CINQUIÉME.

Siége de DENDERMONDE.

LE ROI, toujours occupé du soin de profiter des avantages qu'il venoit de remporter sur ses ennemis, pour leur inspirer des sentimens de paix, en rendant de plus en plus leur situation plus difficile, résolut de faire le siége de Dendermonde. (*a*)

L'ARMÉE du Roi ayant passé la Dendre, on forma l'investissement de cette place ; les ennemis qui en connoissoient l'importance, tenterent envain d'y jetter du secours ; le détachement qu'ils envoyerent, & qui remontoit l'Escaut sur des bélandres, pour aller couper des digues, fut attaqué avec tant de vigueur par deux compagnies de Grenadiers, que presque tous ceux qui composoient ce détachement furent tués ou faits prisonniers : dans le même instant, le Comte de *Lowendal* fit sommer le Commandant du fort de Plassendal de se rendre, celui-ci, voyant les dispositions de l'attaque, se rendit à discrétion ; (*b*) il en fut de même du fort d'Albert, le Commandant l'abandonna à l'approche des François (*c*) qui étoient aux ordres du Marquis de *Contades*.

LE Duc d'Harcourt, chargé par SA MAJESTÉ de la conduite du siége de Dendermonde, fit marcher quatre compagnies de Grenadiers, pour s'emparer de la redoute la plus avancée, le long de la chaussée de Malines ; cette redoute fut attaquée avant le jour, & sans attendre l'effet d'une batterie, à laquelle on n'avoit point cessé de travailler pendant toute la nuit, elle fut emportée par quarante Grenadiers, (*d*) commandés par deux Lieute-

---

(*a*) DENDERMONDE, belle & forte ville des Pays-bas Autrichiens, dans la Flandre, avec une citadelle. Le Duc de Malboroug la prit en 1706 : elle est entourée de marais & de belles prairies, que les habitans peuvent inonder par le moyen de leurs écluses ; elle est située au confluent de la Dendre & de l'Escaut, à 6 lieuës d'Anvers, 2 d'Aloft, 5 de Gand, & 6 de Malines & de Bruxelles.

(*b*) LE 8 Août 1745.

(*c*) LE 9 Août.

(*d*) LA nuit du 8 au 9 Août.

Y

nans, & l'on y trouva un fergent & douze foldats ; les François travaillerent enfuite à couper la digue pour faire écouler les eaux dans le bas Efcaut.

L A premiere faignée que les affiégeans firent devant la place, fut élargie la nuit fuivante ; ils pénétrerent enfuite jufqu'à une éclufe de l'autre côté de l'Efcaut, ils en leverent les vannes, & il en fortit une grande quantité d'eau, qui fe perdit dans les écoulemens d'en bas.

Q U O I Q U E le feu de la place fut confidérable, les François eurent cependant tout lieu d'efpérer dès ce moment que les affiégés ne réfifteroient pas longtems ; l'eau ne s'oppofant plus aux projets des affiégeans, ils conftruifirent des radeaux pour placer des batteries dans l'inondation, & malgré le feu violent des ennemis, la faignée qui avoit été faite à la digue de Dendermonde, augmenta prodigieufement en très-peu de tems, les eaux s'écoulerent avec autant d'abondance qu'on pût le défirer, quatre hommes feulement furent mis hors des travaux.

L E feu de la place ayant beaucoup diminué, les François ouvrirent la tranchée devant Dendermonde ; (*a*) M. de *Zurlauben* fut le feul qui la monta, il avoit fous fes ordres M. de la *Mothe-Hugues*, Brigadier, deux bataillons du régiment de Picardie, quatre compagnies de Grenadiers du régiment de Piémont, & deux mille fept cent travailleurs : deux batteries, l'une de fix piéces de canon, l'autre de quatre mortiers furent prefqu'auffi-tôt établies ; ces batteries ralentirent à la vérité le feu des affiégés ; mais pendant cette grande operation, il y eut onze à douze hommes de bleffés, & le Chevalier de *Gouvernet* Capitaine au régiment Royal des Vaiffeaux, y perdit une jambe.

L E fiége de Dendermonde en étoit là, quand le Prince de *Waldeck*, informé que l'armée du Roi avoit détaché un corps de troupes, fous les ordres de M. de *Bauffobre*, réfolut d'attaquer ce détachement : le Général des ennemis ordonna que les piquets, foutenus par huit cens hommes, marcheroient le lendemain pour paffer le canal fur les ponts de Lacken ; M. de *Bauffobre*, n'ayant rien

______

(*a*) L A tranchée fut ouverte pendant la   nuit du 11 au 12 Août.

rencontré ni le foir, ni pendant la nuit, s'avança fur les huit heu-
res du matin, jufqu'au village d'Afche : à peine fon avant-garde
y fut-elle arrivée, qu'elle découvrit les ennemis, dont l'infanterie
fe pofta fur la chauffée ; dès que cette infanterie eut auffi apper-
çu les François, elle fit, pour fe mettre à couvert, une élevation
de terre & de branches d'arbres : l'action s'engagea entre les deux
avant-gardes de ces détachemens ; les François chargerent les en-
nemis avec tant d'ardeur & de courage, qu'ils gagnerent bien-tôt
la chauffée, nos Grenadiers y parvinrent, & le Prince de *Wal-
deck* fe retira avec précipitation à Bruxelles, après avoir perdu un
Lieutenant Colonel, plufieurs autres Officiers, quarante foldats
tués & beaucoup plus de bleffés : il en couta aux François, un
Capitaine & huit Soldats tués, neuf Officiers & vingt Soldats blef-
fés. (*a*)

C E triomphe fut fuivi d'un autre ; les mefures prifes pour ré-
duire la ville de Dendermonde, fous l'obéiffance de S A M A J E S-
T É, avoient été fi fagement concertées, que, dès le lendemain de
l'ouverture de la tranchée, le Gouverneur fut forcé d'arborer le
drapeau blanc, & les troupes employées à la deffenfe de cette pla-
ce, furent obligées de fe foumettre à toutes les conditions qu'il
plût au vainqueur de leur impofer. (*b*)

(*a*) C E combat fe donna le 12 Août.

(*b*) D E N D E R M O N D E fe rendit le 12
Août, après vingt-quatre heures de tran-
chée ouverte ; le Gouverneur fit fupplier le
R O I de lui accorder la même capitulation
qu'à la garnifon de Tournai, S A M A J E S T É
voulut bien y confentir : en conféquence il
fut arrêté que le Gouverneur de la place,
l'Etat Major & la garnifon ne pourroient
faire aucune fonction militaire, ni aucune
forte de fervice, de quelque nature que ce
pût être, jufqu'au premier Janvier de l'an-
née 1747. Et que la garnifon fortiroit avec
les honneurs de la guerre.

CHAPITRE SIXIÉME.

Siége d'O S T E N D E.

A PEINE la garnifon d'Oftende (*a*) eut-elle découvert les François, dans les dunes du côté de Nieuport, qu'elle fit un feu terrible pour empêcher leur approche ; la vivacité du feu de la place n'intimida point les troupes deftinées à la conquérir, & qui marchoient fous les ordres du Comte de *Lowendal*, que SA MAJESTÉ avoit chargé de la conduite de ce fiége.

LES affiégeans commencerent un boyau de communication pour arriver à la tête des dunes, (*b*) que les affiégés furent contraints d'abandonner ; on y établit auffi-tôt des batteries de canon & de mortiers, qui ne cefferent point de tirer fur la ville & fur le port ; on fit des faignées pour faire écouler les eaux dans le canal ; enfin, on parvint, en moins de trois jours, à former une parallele de près de deux cens toifes de longueur, à cent foixante toifes du premier chemin couvert de la ville, à établir toutes les batteries qui tirerent contre le corps de la place, & à fe garantir des bordées de canon que les vaiffeaux Anglois, qui cottoyoient les dunes, envoyoient aux affiégeans.

CES vaiffeaux entrerent dans le port d'Oftende, où ils ne furent pas long-tems en fûreté ; une bombe que les François y jetterent pendant la nuit (*c*) coula un de ces vaiffeaux à fond, les

---

(*a*) OSTENDE, très-forte & confidérable ville maritime des Pays-bas, dans la Flandre Autrichienne, au quartier de Bruges, avec un bon port & un hôtel de ville magnifique ; elle eft entourée de plufieurs forts. Le Duc de Parme fut obligé d'en lever le fiége en 1583 ; les Efpagnols l'affiégerent envain en 1601. Ambroife Spinola la prit en 1604, après un fiége de plus de trois ans, les affiégés perdirent plus de 50000 hommes & les affiégeans plus de 80000. Les Etats Généraux la prirent fur les Efpagnols en 1615,

& la céderent à l'Empereur en 1715 ; elle eft fur la mer, à 4 lieuës de Bruges, 3 de Nieuport, 6 de Dunkerque, 3 de Bruxelles, & 70 de Paris.

(*b*) CETTE opération fe fit pendant la nuit du 12 au 13 Août.

(*c*) CE fut pendant la nuit du 18 au 19 Août ; Meffieurs de *Caftelnau* Lieutenant, & de la *Marck* fous-Lieutenant au régiment de Crillon, & M. de la *Baftide* Lieutenant d'artillerie furent bleffés.

autres

SIEGE D'OSTENDE
rendu le 23 Aoust
1745

autres furent obligés de fe retirer, & la même nuit, les affiégeans fe rendirent maîtres de l'avant chemin couvert.

L e Monarque qui vouloit être informé par lui-même des places qu'il faifoit affiéger, & fi leur importance l'obligeoit néceffairement à des opérations qui coûteroient bien du monde, monta à cheval pour aller examiner les travaux du fiége d'Oftende, & la difpofition de la premiere ligne du camp de fes troupes; cet augufte Héros n'ignoroit point ce qui étoit arrivé à des Princes généreux, pour avoir fuivi trop légerement les confeils de leurs Officiers Généraux, & pour avoir négligé la connoiffance de la pofition de leur armée.

L'histoire en fournit un exemple bien digne de l'attention des Monarques; l'Amiral Bonnivet, charmé par les attraits de Clarice de Milan, alors la plus belle femme d'Italie, eut affez d'empire fur l'efprit de François Premier pour lui faire entreprendre le fiége de Pavie, ce grand R o i, fut fait prifonnier à la bataille qui fe donna près de cette ville, en l'année 1525, Bonnivet fut payé de fa témérité, cette expédition hafardée lui coûta la vie.

S a Majesté, après avoir vû les difpofitions du fiége & du camp, & fur l'avis qu'elle eut, qu'un nouveau corps de troupes des ennemis avoit joint celui qui avoit paffé la Rupel, elle fit partir un détachement confidérable, qui marcha pour attaquer les poftes que les ennemis occupoient fur la rive gauche du canal; ce mouvement eut tout le fuccès qu'on pouvoit en attendre : l'attaque du chemin couvert fut entreprife; (a) là, les affiégés firent affez connoître par leur réfiftance, le mépris qu'ils faifoient de la vie ; le Gouverneur de la place, à leur tête, les anima par fon exemple, & leur infpira par fa bravoure l'ardeur inféparable d'un vrai héros. Les François de leur côté, attaquerent en Romains & avec tant de courage, qu'ils fe rendirent maîtres du chemin couvert ; ils y établirent un logement & obligerent les affiégés à fe retirer dans la place avec la plus grande précipitation : plufieurs braves Offi-

---

(a) Pendant la nuit du 22 au 23 Août: la tranchée étoit commandée par M. le Comte d'*Hérouville*, Maréchal de camp, qui avoit fous lui M. de *Chambonnas* Brigadier.

ciers François moururent dans le lit d'honneur que le R o i leur avoit fait préparer la veille. (*b*)

C E glorieux évenement , jetta une si grande épouvante parmi les assiégés , que deux heures après ils arborerent le drapeau blanc. (*c*)

(*b*) L ES Officiers tués furent , Messieurs de *Galatin* Capitaine , de *Martine* Lieutenant de Grenadiers au régiment de la Cour au Chantre , & M. de *Ricard* Lieutenant en second au régiment de Crillon. Les Officiers blessés furent , Messieurs de *Brindelé* , Capitaine Lieutenant de Grenadiers au régiment de la Cour au Chantre ; de *Gugger* , de *Risselhouber* & de *Richeistem* , Lieutenans au même régiment : M. de *Bord* , Lieutenant en second de Grenadiers au régiment d'Eu , M. *Himel* Capitaine de Grenadiers au régiment de Seédorf ; Messieurs *Destouches* , de *Charnacé* , de *Sernicourt* , *Odoul* , *Bridouch* , de *Milau* , de *Lomares* & de *Croisilles* , Capitaines de Grenadiers Royaux ; & Messieurs *Machault* , *Lemaire* & de la *Gaye* Lieutenans. M. le Chevalier d'*Allot* , aide-Major Général ; Messieurs de *Marsolles* , de *Moulciau* & de *Saveur* Ingénieurs , furent aussi du nombre des blessés.

(*c*) L A tranchée fut ouverte devant Ostende la nuit du 13 au 14 Août , cette place se rendit le 23. La capitulation fut signée le 24. Le Gouverneur obtint que la garnison sortiroit avec les honneurs de la guerre , & qu'elle seroit conduite à Saint Guilain avec une escorte Françoise ; le R o i lui laissa le choix de sortir par la brêche. On trouva dans Ostende & dans le Fort Saint Philippe qui en dépend , 182 piéces de canon , dont 34 de fonte ; 32 mortiers , 36000 boulets , 1200 bombes , 8000 grenades , trois cens milliers de poudre , & cinquante-deux milliers de plomb. Les Officiers Généraux qui monterent la tranchée pendant ce siége furent , Messieurs le Marquis de *Contades* , le Marquis d'*Armentieres* , & le Comte d'*Hérouville* Maréchaux de camp , & Messieurs de *Chambonas* & de *Crillon* Brigadiers. M. de *Lirmcourt* , Capitaine de Grenadiers Royaux y fut tué : M. de *Castelbayard* , Capitaine au régiment d'Eu y reçut un coup de feu au travers du corps , & Messieurs de *Bulleau* , Lieutenant Colonel au régiment de Lowendal , de *Letang* , Lieutenant Colonel à la suite du même régiment , de *Grammont* & de *Haute-Porte* , Capitaines au régiment de Crillon , le Chevalier *Dumesnil* , Lieutenant au même régiment , & *Dandoville* Lieutenant des Grenadiers Royaux y furent aussi blessés.

SIEGE DE NIEUPORT.
Rendu le 5. Septembre
1745.

CHAPITRE SEPTIÉME.

Siége de NIEUPORT.

LE ROI, moins attentif à la gloire de ſes armes, qu'occupé du ſoin de parvenir bientôt à aſſurer ſur des fondemens ſolides le repos de ſes peuples & les droits de ſes alliés, avoit auſſi confié au Comte de *Lowendal* la conduite du ſiége de Nieuport ; (*a*) ce Général, remplit bien dans l'exécution de cette entrepriſe, tout ce que SA MAJESTÉ pouvoit attendre de ſon zele & de ſa capacité.

LE Comte de *Lowendal*, envoya d'abord cinq cens hommes d'infanterie & cinquante Dragons, pour prendre poſte dans les environs de la place ; il pourvut à la ſûreté d'Oſtende, qu'il venoit de ſoumettre au pouvoir de ſon Roi, il y établit garniſon, & marcha enſuite avec le reſte de ſes troupes pour l'inveſtiſſement de la ville de Nieuport.

LA place inveſtie, la tranchée fut ouverte le lendemain, (*b*) les travaux de communication furent pouſſés juſqu'à cent cinquante toiſes de la ville, & l'on établit deux batteries de canons & quatre de mortiers.

LES travaux augmenterent ſi conſidérablement en peu de tems, qu'ils furent prolongés juſqu'à cinquante toiſes ; on les redoubla pour l'attaque du Fort de Wilvort, & les batteries de mortiers, qui avoient été établies pendant l'ouverture de la tranchée, commencerent à tirer.

LE ROI, que ces diſpoſitions ne pouvoient inquiéter, bor-

(*a*) NIEUPORT, ville forte des Pays-Bas Autrichiens, dans la Flandre, avec un port & des écluſes, dont on peut inonder en un inſtant tous les environs ; elle ſoutint un vigoureux ſiége contre Philippe Duc de Cleves en 1488, le Duc de Parme la prit en 1583. L'Archiduc d'Albert d'Autriche y fut défait le 2 Juillet 1600 par le Prince Maurice de Naſſau. Les François qui l'avoient priſe l'avoient rendue à l'Empereur par la paix d'Utrecht. Elle eſt ſur la riviere d'Yperlée qui la traverſe, à un quart de lieuë de la Mer, 2 lieuës de Furnes, 3 d'Oſtende, 6 de Dunkerque & 65 de Paris.

(*b*) OUVERTURE de la tranchée, la nuit du 31 Août au premier Septembre.

na fa campagne à la prife d'Oftende , & le Maréchal de *Saxe* continua les opérations de la guerre : SA MAJESTÉ, accompagnée de Monfeigneur le Dauphin, partit du camp de Lipelo, (*c*) vifita fes dernieres conquêtes , & reçut de fes nouveaux fujets les plus grands témoignages d'affection ; Elle fe rendit à Oftende , monta fur les Dunes, examina le Port & fixa long-tems fes regards fur cette importante place , pour mieux connoître le prix de fes victoires , par celui de cette fuperbe conquête , & prit enfuite la route de la capitale.

LES travaux du fiége de Nieuport continuerent avec fuccès ; les cinq cens travailleurs, qui furent commandés pour la grande attaque , formerent une feconde parallele avec fes communications ; trois batteries de canons & une autre de mortiers furent prefqu'auffi-tôt établies , & bientôt après, la Fortereffe de Wilvort fut foumife au pouvoir des affiégeans. (*d*)

LA tranchée devant Nieuport, fut enfuite montée par onze compagnies de Grenadiers , & un bataillon du régiment de Crillon ; la fappe fut pouffée jufqu'à cent toifes en avant du Fort de l'éclufe , on conftruifit une batterie de canons dans le chemin couvert de Wilvort , & une autre de mortiers , fut établie dans la tranchée de la communication pour battre le Fort de l'éclufe : ces nouvelles difpofitions intimiderent fi fortement les affiégés, que le Gouverneur de la place fit planter le drapeau blanc fur le Fort de l'éclufe ; (*e*) la capitulation qu'il demanda lui fut refufée ; enforte, qu'il fût contraint de fe rendre prifonnier de guerre avec fa garnifon.

DEPUIS long-tems , les Anglois avoient des vuës fur Oftende & fur Nieuport ; ils s'étoient affurés de ces deux places , par des fommes immenfes qu'ils avoient avancées à la Reine de Hongrie pour foutenir les frais de la guerre ; il étoit de leur intérêt de les

---

(*c*) LE premier Septembre , & arriva à Paris le fept.

(*d*) CE fut pendant la nuit du 3 au 4 Septembre.

(*e*) NIEUPORT fe rendit le 5 Septembre. Les Officiers Généraux qui monterent la tranchée pour l'attaque de la ville & pour l'attaque du Fort, furent, MM. le Comte de la *Marck* , le Marquis de *Contades* , le Marquis d'*Armentieres* , M. de *Seédorf*, & M. le Comte de la *Suze* , Maréchaux de Camp, & M. de *Lujeac* Brigadier.

bien

bien défendre, parcequ'elles leur donnoient un pied dans le continent, leur procuroient le commerce des Pays - Bas Autrichiens & le moyen de contenir la Hollande & le Nord : mais, quoique ces places fuffent défenduës par quantité de Forts avancés, par un chemin & un avant chemin couverts, par des fortifications régulieres & des inondations ; quoiqu'elles fuffent pourvuës de nombreufes garnifons, & de munitions de toute efpece, ces confidérations devinrent inutiles : Sa Majesté ayant confulté l'ardeur de fes troupes & le courage du Comte de *Lowendal*, qu'il chargea de l'attaque de ces deux places, elles ne tinrent pas longtems contre les efforts des François, & ces deux prifes importantes, donnerent aux ennemis de nouveaux fujets de crainte & d'étonnement.

L'Éloignement du Roi, n'arrêta pas le cours de fes victoires ; de tout le pays, que la Reine de Hongrie poffédoit depuis la Dendre jufqu'à la mer, il ne lui reftoit plus que la ville d'Ath : (*a*) le Maréchal de *Saxe* fit toutes les difpofitions néceffaires pour le fiége de cette place, dont il donna la conduite au Marquis de *Clermont Gallerande*. Ce Général fit commencer un boyau, (*b*) dont la droite étoit appuyée à la Dendre & la gauche à la chauffée qui conduit à Tournai ; la tranchée fut ouverte le lendemain, & les travaux avancerent avec tant de fuccès, qu'avant le milieu de la nuit, les travailleurs furent entiérement à couvert.

Les ennemis voulant fécourir cette place, firent avancer un corps de troupes aux environs de Halle ; (*c*) mais le Comte d'*Ef-*

(*a*) Ath, petite, mais très-jolie & très-forte ville des Pays - bas dans le Comté de Hainault, capitale de la châtellenie de même nom, elle eft fituée fur la Dendre, avec de bons baftions, des portes magnifiques, de bons dehors & de beaux remparts, à dix lieuës de Bruxelles. Cette ville fut affiégée & prife par le Maréchal de Catinat le 5 Juin 1697... La France la rendit à l'Efpagne par le traité de Nimégue... Louis XIV accompagné de la Reine fon époufe, alla vifiter les fortifications de cette ville, le 18 Mai 1670. Mais il n'entra pas dans la place, parce qu'elle étoit foupçonné de la pefte... Elle reçut garnifon Françoife en 1701... Le Duc de Malboroug la reprit en 1706, après la bataille de Ramillies. Le commerce principal de cette ville confifte en toiles.

(*b*) Pendant la nuit du premier au deux Octobre 1745.

(*c*) Halle, petite ville demantelée des Pays-bas Autrichiens dans le Hainault. l'Eglife de Notre-Dame, à laquelle les Fideles ont une grande dévotion, renferme de grandes richeffes. Elle fut pillée par les François en 1691. Elle eft fur la Senne, à 10 lieuës de Mons & 3 de Bruxelles.

trées qui marchoit à Enghien, à la tête de vingt-huit Efcadrons, fe replia fur M. de *Clermont Gallerande*, & leur jonction forma un corps de vingt-trois mille hommes, bien en état de réfifter à toutes les entreprifes des ennemis.

LES travaux du fiége furent pouffés avec rapidité; les travaux de la droite furent joints à ceux de la gauche, & les affiégés, obligés de fe retirer de la place d'armes rentrante du chemin couvert.

TELLE étoit la pofition des affiégeans, lorfque le Duc de *Cumberland* augmenta de huit mille hommes, le corps de troupes qu'il avoit déja fait avancer du côté de Halle; le Maréchal de *Saxe* prit les précautions néceffaires pour faire échouër les projets du Général des ennemis, il y parvint en effet, en ordonnant aux troupes qu'il avoit fous fes ordres, de fe porter aux endroits d'où l'on pouvoit fécourir la ville d'Ath.

LES nouvelles forces des ennemis ne retarderent point le triomphe des François, les batteries des affiégeans furent fi bien fervies, que les bombes qu'ils envoyerent aux affiégés mirent le feu dans la ville, & l'incendie fut affez confidérable pour obliger les ennemis de la France à faire fonner le tocfin, & pour forcer le Gouverneur à arborer le drapeau blanc. (*d*)

VOILA quelles furent les fuites de la célebre journée de Fontenoi; cette conquête finit une des plus glorieufes campagnes, & les troupes entrerent en quartier.

(*d*) LA ville d'Ath fe rendit le 8 Octobre, après fix jours de tranchée ouverte; le Gouverneur obtint les honneurs de la guerre, deux piéces de canon & un mortier.

LES Officiers Généraux qui commanderent la tranchée fucceffiviment furent, MM. le Marquis de *Fiennes*, le Comte de *Chepy*, le Comte de la *Suze*, le Marquis de *Bouzols*, le Marquis de S. *Pern* & le Marquis d'*Armentieres* Maréchaux de camp, de S. *Quentin*, du *Pumbecq*, le Duc d'*Olonne*, le Comte de *Vence*, le Comte de *Laval*, de *Richecourt* & de *Bombelles* Brigadiers. M. de *Breleau* Officier de Hullans & volontaire dans le Génie fut bleffé.

Fin du Troifiéme Livre.

OFFICIERS GÉNÉRAUX,

Qui fervirent en FLANDRE pendant la Campagne de 1745.

ARMÉE DU ROI.

LE ROI,

M. LE MARÉCHAL DE SAXE.

LIEUTENANS GÉNÉRAUX

M. Le Duc d'Harcourt,
M. Le Comte de Clermont Tonnerre,
M. Le Comte de Clermont,
M. De Lutteaux,
M. Le Prince de Dombes,
M. Le Comte d'Eu,
M. Philippes,
M. Le Marquis de Meuze,
M. Le Marquis de Clermont Gallerande,
M. Du Kaïla,
M. Le Duc de Gramont,
M. Le Comte de Baviere,
M. Le Comte de Montesson,
M. Le Comte de Danois,
M. Le Duc de Biron,
M. Le Comte de Lowendal,

M. Le Marquis de Mont-Boissier,
M. Le Comte de Beranger,
M. Le Duc de Richelieu,
M. Le Prince de Pons,
M. Le Marquis de Brezé,
M. Le Duc de Luxembourg,
M. Le Comte d'Estrées,
M. Le Comte de Clare,
M. Le Comte d'Apcher,
M. Le Comte de Langeron,
M. Le Marquis de Croissy,
M. Le Duc de Boufflers,
M. Le Duc de Chartres,
M. Le Duc de Penthievre,
M. Le Marquis de Chabannes,
M. De la Billarderie.

MARÉCHAUX DE CAMP.

M. Le Comte de la Marck,
M. De Monin,
M. Le Marquis de Contades,
M. Le Comte de Graville,
M. Le Comte de Beuvron,
M. Le Duc d'Aumont,
M. Le Duc d'Ayen,
M. Le Prince de Soubise,
M. Le Duc de Chaulnes,
M. Le Chevalier d'Aguesseau,
M. Le Comte de Logny-Montmorency,
M. Le Marquis de Mezieres,
M. Le Marquis de Crequy,

M. Le Marquis du Muy,
M. Le Marquis d'Anlezi,
M. Le Marquis de Sourches,
M. Le Comte de Rozen,
M. Le Comte de Fits-James,
M. Le Marquis de Beauffremont,
M. Le Prince de Tingry,
M. Le Comte de la Suze,
M. Le Duc de Fits-James,
M. Le Comte de Noailles,
M. De Cremille,
M. Du Brocard,
M. De Zurlauben,

M. Le Marquis de Chiffreville,
M. Le Marquis de Marignanes,
M. De Mongibault,
M. Le Marquis de Jumilhac,
M. De Courtomer,
M. Le Marquis d'Armentieres,
M. Le Marquis de Souvré,
M. Le Duc de Chevreuse,
M. Le Marquis de Rubempré,
M. Le Comte d'Harcourt,
M. Le Comte du Roure,
M. De la Coste Meffelieres,
M. Du Chambon,
M. De Gault,
M. Le Comte de Saumery,

M. De Champeron,
M. Le Marquis de Calviere,
M. Le Comte de Rafilly,
M. Le Marquis de Fougeres,
M. Le Comte de Treffan,
M. Le Comte de Balincourt,
M. Le Chevalier de Suzy,
M. Le Chevalier d'Artaignan,
M. De Mannerbe,
M. Le Chevalier de Guers,
M. De la Motte Guerin,
M. Le Marquis de Peruffy,
M. Le Marquis de Morangies,
M. Le Vicomte de Canillac,
M. Le Marquis de Cruffol de Salles.

Maréchal Général des Logis de l'armée...   M. De Cremille.
Major Général de l'Infanterie...   M. De Vaudreuil.
Maréchal Général des Logis de la Cavalerie...   M. De Croifmare.
Intendant de l'armée...   M. De Sechelles.

HISTOIRE
DES
CONQUESTES
DE
LOUIS XV.

LIVRE QUATRIÉME.

CAMPAGNE DE 1746.

QUAND l'opiniâtreté de l'ennemi, la justice & l'intérêt de
la Patrie forcent les Rois à combattre, leurs armes sont toujours
victorieuses ; quel Monarque, prouva jamais cette vérité d'une
maniere plus éclatante que celui de la France ? Il n'entreprend
rien qui ne lui réussisse ; toutes les villes tombent devant lui, de-
vant les Princes de son sang, devant les Généraux qui les assié-
gent : des Places, qui avoient autrefois résisté des années entieres,
ne tiennent que peu de jours contre ses efforts ; il vole de rem-
parts en remparts toujours avec le même avantage ; tout plie à son
aspect : sa valeur ne connoît ni obstacles, ni saisons ; il triomphe
dans le plus fort de l'hiver, comme dans les plus beaux jours du

B b

printemps : envain, les frimats & les glaces femblent s'être joints aux baftions de Bruxelles, pour rendre cette capitale du Brabant imprénable ; l'ardeur des troupes Françoifes les conduit aux portes de cette ville, elles en attaquent les tours orgueilleufes, qui ne peuvent réfifter à la violence de leurs coups, elles s'ébranlent & tombent à leurs pieds.

SIÉGE DE BRUXELLES
rendu le 20. Fevrier
1746.

CHAPITRE PREMIER.

Siége de B R U X E L L E S.

LE ROI, ayant approuvé le deffein qu'avoit formé le Ma-
réchal de *Saxe*, de fe rendre maître de la ville de Bruxelles, (*a*)
au milieu de l'hiver le plus rigoureux ; ce Général fit les difpofi-
tions les plus promptes pour affûrer l'exécution de fon projet, &
pour faire abandonner aux ennemis les poftes qu'ils avoient con-
fervés fur le canal de Wilworden. Les troupes, qui avoient été
diftribuées dans les différentes Places de la Flandre, qui commen-
çoient à peine à gouter les douceurs du repos, & à fe délaffer
des fatigues de la derniere campagne, eurent ordre de fe rendre
à Maubeuge, Ath, Tournai, Oudenarde, Gand & Dendermon-
de : M. *Devaux*, Colonel du régiment d'Angoumois, s'avança
avec trois bataillons & quelques compagnies de Grenadiers de-
vant le château de Marienfal, (*b*) fitué fur la rive gauche du
canal, qu'il paffa dans des batteaux, après avoir emporté la re-
doute des trois Fontaines, où il fit prifonnier de guerre un déta-
chement de troupes Hollandoifes.

LE lendemain, le Maréchal de *Saxe*, à la tête d'un corps con-
fidérable d'infanterie & de cavalerie, paffa le canal fur un pont de
pontons, & marcha fur Bruxelles, où il fut bientôt joint par les
troupes que commandoit M. de *Clermont Gallerande* : le Mar-
quis de *Contades* fit en même tems jetter un pont fur le canal près
de Laken ; il s'empara d'une redoute voifine , ainfi que du Fort

---

(*a*) B R U X E L L E S , la plus belle & la
plus riche ville des Pays - bas, capitale du
Brabant, au quartier de Bruxelles , Siége
du grand Général des Pays-bas Autrichiens,
auquel on fait prefque les mêmes honneurs
qu'au Souverain. Les Edifices publics y
font magnifiques, elle eft très-commerçan-
te ; il y a dans cette ville un Confeil d'Etat,
un Confeil privé & plufieurs autres Tribu-
naux ; elle eft en partie fur une éminence ,
en partie dans une plaine agréable & fertile
en grains & en pâturages, fur la Senne , à
neuf lieuës d'Anvers, dix & demie de Gand
& foixante de Paris.

(*b*) P E N D A N T la nuit du 29 au 30
Janvier 1746.

des Trois-trous, (*c*) & les cent trente hommes qui l'occupoient furent faits prifonniers de guerre : le Marquis d'*Armentieres*, Maréchal de camp qui commandoit pour lors à Ath, fe porta entre Louvain & Bruxelles, & finit par cette opération l'inveftiffement de la Place ; M. de *Philippes*, Lieutenant Général, empêcha auffi, avec le corps de troupes qu'il avoit à Binch, les garnifons des villes de Mons & de Charleroi, de rien tenter qui pût être contraire aux entreprifes du Maréchal de *Saxe*.

T A N D I S qu'on s'occupa à placer dans le parc, l'artillerie néceffaire pour le fiége de Bruxelles ; M. de *Beauffobre*, Brigadier & Colonel du régiment d'Huffarts de fon nom, qui marchoit vers Malines, dont il falloit s'emparer, rencontra au pont de Valhem un corps d'infanterie ennemie qu'il obligea à repaffer la riviere, & ce brave Commandant entra enfuite dans Malines avec tout fon détachement. (*d*)

L E S Graffins qui furent envoyés à Louvain eurent le même avantage ; fur le refus que firent les habitans d'ouvrir leurs portes, après qu'ils en eurent été fommés, ces généreux guerriers y mirent le feu & pénétrerent dans la Place. (*e*)

L E Marquis de *Contades*, Maréchal de camp, à la tête d'un détachement de Dragons & de Grenadiers, alla reconnoître Wilworden, (*f*) que le Maréchal de *Saxe* avoit fait bombarder la veille ; à peine fe fut-il préfenté, que la garnifon, compofée de deux cent cinquante fix hommes, fut forcée de fe rendre prifonniere de guerre.

C E S glorieux fuccès, précéderent de quelques jours l'ouverture de la tranchée devant Bruxelles, qui fut ouverte vis-à-vis l'ouvrage à corne de la porte de Scarbuth. (*g*)

L E S premiers travaux de la tranchée furent heureux ; ils furent conduits avec tant de fageffe & d'activité, qu'ils furent pouffés jufqu'à mille toifes, en partant du centre de la parallele, & en s'étendant de droite & de gauche.

(*c*) L E 30 Janvier.
(*d*) L E premier Février.
(*e*) L E deux Février.

(*f*) L E quatre Février.
(*g*) O U V E R T U R E de la tranchée devant Bruxelles, la nuit du 7 au 8 Février.

A P R É S

APRÉS cette premiere opération, on déboucha de la parallele fur la droite de la chauffée, par un boyau qui forma une communication vers la gauche, jufqu'à la même chauffée qui avoit été mafquée dans cet endroit ; on commença une feconde parallele à foixante toifes du chemin couvert, qui fut bientôt prolongée, & les affiégeans travaillerent dès ce moment à l'établiffement de deux batteries de quatre piéces de canon chacune, & d'une troifiéme de mortiers.

LES François déboucherent enfuite de la feconde parallele par trois endroits ; ils s'avancerent par des zigzags vers les angles faillans de l'ouvrage à corne ; ils formerent vers la gauche une communication pour les deux paralleles, difpoferent tout ce qui étoit néceffaire pour l'établiffement d'une quatriéme batterie de mortiers, firent un boyau pour former une troifiéme parallele, qui communiqua de la fappe droite à celle du centre, & pofferent deux zigzags à la gauche ; toutes ces difpofitions, qui menerent à grands pas à la brillante conquête de la capitale du Brabant, ne furent pas l'ouvrage de quatre jours entiers.

HUIT mortiers & quatre piéces de canon eurent à peine commencé à tirer, que les affiégeans, acheverent la communication de la droite au centre de la troifiéme parallele, qu'ils conftruifirent deux nouvelles batteries, & qu'ils firent, à la droite, à la gauche & au centre, des cavaliers de tranchée, d'où les Grenadiers obligerent les affiégés à abandonner le chemin couvert ; le lendemain, les François poufferent trois crochets en avant de la gauche de la derniere parallele, fur l'angle de l'ouvrage à corne ; ils couronnerent une partie du chemin couvert de la demie-lune & firent quatre traverfes tournantes de droite & de gauche.

LA communication ayant été établie de la droite à la gauche, les affiégeans firent des defcentes, fur la prolongation des faces de la demie-lune, & fur le couronnement de la place d'armes faillante ; (*h*) ces généreux efforts furent foutenus par le feu con-

---

(*h*) CE fut pendant la nuit du 14 au 15 Février ; M. de *Lanne* capitaine au régiment de Normandie, fut tué.

tinuel de dix-huit piéces de canon & de fix mortiers : les François travaillerent enfuite au couronnement de la place d'armes de la corne droite, ils envelopperent une partie du chemin couvert de la corne gauche, & parvinrent à établir quatre batteries de canon; deux furent deftinées, l'une à battre en brêche le corps de la pla-ce, fur le prolongement de la face droite de la demi-lune, & l'au-tre à tirer fur la face droite de l'ouvrage à corne.

CES rapides opérations, mirent les affiégeans en état de per-fectionner la communication au débouché du couronnement de la place d'armes faillante de la demi-lune, pour la defcente du foffé, de faire feu des quatre nouvelles batteries de canon, de travailler à l'établiffement de deux autres batteries de mortiers, d'entre-prendre, même, (a) la defcente du foffé dans la contrefcarpe de la place d'armes faillante de la demi-lune, & de fe loger fur le parapet; ce pofte fut fatal au Chevalier d'Aubeterre, Colonel du régiment Royal des Vaiffeaux, qui, allant reconnoître le loge-ment du foffé, reçut une bleffure dont il mourut fix heures après.

LES travaux du fiége ne furent point interrompus par le feu des affiégés; mais, la vivacité de celui des batteries Françoifes furpaf-foit tout ce qu'on pouvoit en attendre; les brêches, du corps de la place & de l'ouvrage à corne, touchoient au moment d'être pra-ticables, lorfque les affiégés, pour prévenir les fuites funeftes d'un affaut, fe déterminerent à arborer le drapeau blanc; (b) les ôtages

---

(a) PENDANT la nuit du 17 au 18 Fé-vrier.

(b) BRUXELLES fe rendit aux Fran-çois le 20 Février 1746 : la capitulation fut fignée par M. le Comte de *Kaunitz*, pour la ville & les Autrichiens, & par M. le Géné-ral *Wander-Duyn* pour les troupes Hollan-doifes qui y étoient en garnifon : M. *De-vaux*, Colonel du régiment d'Angoumois en porta la nouvelle au ROI, & les articles de la capitulation furent;

QUE toute la garnifon qui fe trouvoit dans Bruxelles feroit prifonniere de guerre & conduite où il plairoit au ROI.

QUE la porte, dite la porte de Flandre,

feroit livrée le Lundi 21 aux troupes Fran-çoifes.

QUE la garnifon de la place fortiroit en quatre divifions, qu'elle fortiroit par la mê-me porte les 25, 26, 27 & 28 pour être con-duite dans telle place qu'il plairoit à SA MAJESTÉ d'ordonner.

QUE les affiégés conferveroient leurs chevaux, & que les armes des Hollandois feroient remifes aux magafins, pour être renduës lors de l'échange.

QUE les troupes pourroient faire tranf-porter leurs effets à Anvers, à Breda & à Maftreicht, & que pour cet effet il leur fe-roit fourni des voitures aux dépens du Pays.

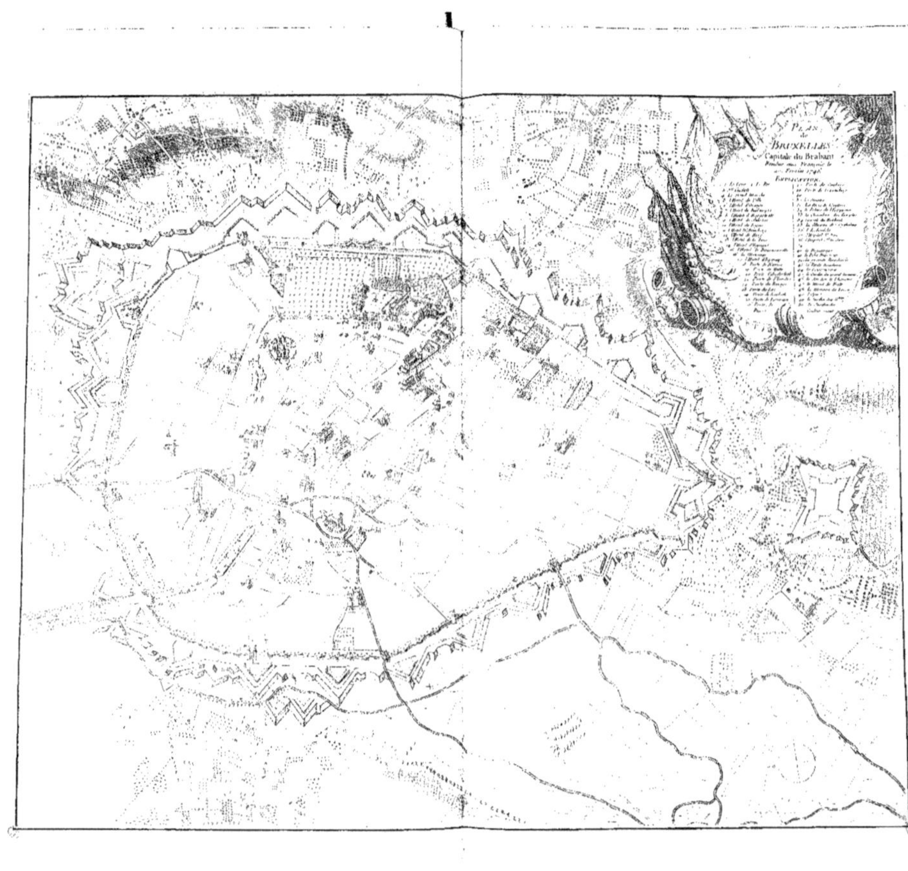
PLAN
de
BRUXELLES
Capitale du Brabant

furent envoyés de part & d'autre, & la capitulation fut signée le même jour.

Q u e les Officiers de l'Etat-Major seroient relâchés sur leurs paroles dès qu'ils le souhaiteroient.

Q u e les domestiques de M. le Duc de *Cumberland* pourroient se retirer avec tous les effets & chevaux de ce Prince, & qu'à cet effet il leur seroit fourni des escortes, passeports & voitures nécessaires.

Q u e M. le Comte de *Kaunitz* auroit la même liberté pour sa personne, sa maison, ses effets & pour ceux qui voudroient le suivre, à l'exception des Officiers chargés de la recette des deniers publics, qui resteroient pour rendre compte de leur administration.

Q u e les effets du Prince Charles de Lorraine resteroient où ils se trouveroient, jusqu'à ce qu'il fût pris des arrangemens pour les faire conduire où ce Prince jugeroit à propos, dans le terme de trois mois.

Q u e le Sécrétaire de la légation des Etats Généraux, pourroit rester dans la ville jusqu'à ce qu'il eût reçu des ordres ultérieurs.

Q u e les bateliers Hollandois, avec leurs bateaux & tous autres sujets de la République, pourroient retourner chez eux.

Q u e les bâtimens Royaux seroient conservés dans leur entier, à l'exception des effets militaires qui s'y trouveroient.

Q u e la ville conserveroit l'artillerie qui lui appartenoit en propre.

Q u e le cours de la justice seroit maintenu dans tous les Tribunaux, & exercé au nom de S a M a j e s t é très-Chrétienne.

L a garnison étoit composée de dix-huit bataillons & de deux escadrons ; on eut raison de comparer cette conquête au gain d'une bataille.

L e s Officiers Généraux qui commanderent la tranchée durant le siége, furent, M M. le Comte de *Logny-Montmorency*, le Marquis de *Beaufremont*, le Comte de la *Suze*, le Comte d'*Hérouville de Claye*, le le Marquis de *Guerchy*, le Duc de *Chevreuse*, & de *Romecourt* Maréchaux de camp.

Remarques sur Bruxelles.

L a ville de Bruxelles étoit mal fortifiée avant les ouvrages & les réparations que les Alliés y firent faire pendant la campagne de 1745. Cette ville a environ deux lieuës de circuit, & a été exposée en différens tems à de grandes calamités ; en 1489 la peste emporta près de 33000 de ses habitans ; en 1529 elle fut affligée d'une maladie contagieuse que l'on appella *la Sueur Angloise* ; le feu de la sabloniere & celui qui prit au quartier des Tisserans y consumerent jusqu'à 3500 maisons ; M. le Maréchal de Villeroi la bombarda en 1695, quatoze églises & plus de quatre mille maisons furent réduites en cendre par ce bombardement ; les François l'abandonnerent en 1706. L'Electeur de Baviere l'assiégea en 1708, mais le Duc de Malborough lui en fit lever le siége avec précipitation : le commerce principal de cette ville consiste en camelots, dentelles & tapisseries.

CHAPITRE SECOND.

Siége d'Anvers.

LA poſtérité aura, ſans doute, peine à croire, que Louis XV au milieu des victoires, devant qui tout trembloit, ait voulu changer ſes triomphes pour la paix, & qu'il ne pût y réuſſir ; ſes ennemis ſe défioient de ſes offres ; ils lui ſuppoſoient de vaſtes projets, parce qu'ils oſoient en avoir encore ; ils prenoient cet effort de vertu pour une ruſe de guerre ou de la foibleſſe, ils s'obſtinoient à fermer les yeux ſur les propoſitions pures & déſintéreſſées de leur vainqueur : le Monarque de la France ne ſe rebuta pas ; il voulut ſauver ſes ennemis malgré eux, il leur laiſſa le tems de réfléchir ſur les ſuites malheureuſes de leur opiniâtreté, il leur faiſoit peindre ſans ceſſe tous les dangers que leur aveuglement leur préparoit ; mais, cet excès de bonté ne put rien ſur eux. Ce Héros couronné, voyant qu'il ne pouvoit obtenir la paix que par de nouvelles victoires, partit pour ſe mettre à la tête de ſon armée ; déja l'ennemi l'apperçoit, & ſent naître dans ſon cœur cette crainte qui précede toujours les malheurs ; tiendra-t'il long-tems contre ce Prince généreux ? non, la fuite devient ſa reſſource ; il cherche ſon ſalut ſous le canon de Breda, tout le Brabant rend hommage au Roi des François ; Louvain, Malines, Lierre, Arſchot, Hérental & & le Fort Sainte Marguerite reconnoiſſent ſes loix : Anvers (a) ne ſera pas plus rebelle que ces places ; ſes deffenſeurs

(a) ANVERS, grande, forte, belle & l'une des plus riches ville du monde, dans le Pays-bas, au Duché de Brabant. Elle a la figure d'un arc tendu, dont le bord de la riviere repréſente la corde ; elle a un port très-beau & très-commode. Amſterdam lui a enlevé une grande partie de ſon commerce principal depuis le traité de Munſter. Les Edifices publics au nombre de plus de 200 y ſont d'une grande beauté ; la cathédrale eſt un ouvrage achevé ; la maiſon de ville eſt regardée comme une des plus belles de l'Univers; les rues ſont très-larges & régulieres ; le Prince de Parme la prit le 17 Août 1585, après un ſiége de près d'un an, & qui

l'abandonnent,

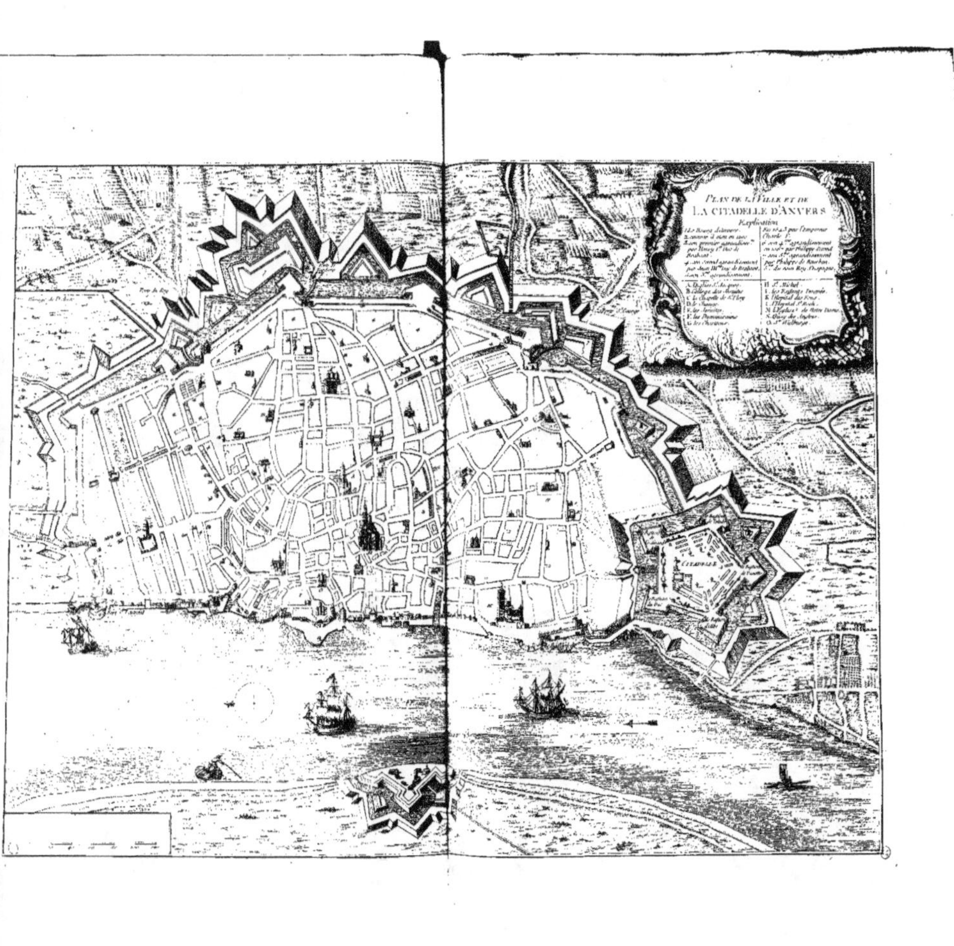

PLAN DE LA VILLE ET DE
LA CITADELLE D'ANVERS
Explication
CITADELLE
Porte du Roy

l'abandonnent, (*b*) la citadelle de cette ville est leur retraite, elle n'est pas plus sûre pour eux ; on les poursuit jusques aux pieds de cette forteresse, on en occupe les avenuës, & on se dispose à en faire le siége.

Le Comte de *Clermont*, chargé de cette expédition, en pressoit déja tous les préparatifs, avec cette noble activité qui fait évanoüir tous les obstacles qui se présente ; lorsque ce Prince, accompagné du Maréchal de *Saxe* & du Comte d'*Argenson* Ministre de la guerre, alla reconnoître la partie de la citadelle qu'il se proposoit d'attaquer.

Aprés avoir tout examiné, avec ce juste discernement qui assure le succès des plus grandes entreprises, ce Prince, décida qu'il étoit temps d'ouvrir la tranchée, (*c*) ce qui fut fait sur le champ, & l'attaque commença.

Trois mille six cens travailleurs furent employés à cette opération, sous la protection de douze compagnies de Grenadiers, de deux bataillons du régiment d'Auvergne, & d'un bataillon du régiment suisse de Bettens, commandés par M. *Thomé* Maréchal de camp, & le Marquis de *Berville*, brigadier.

On remarqua dans cette attaque, toute la valeur qui caractérise les troupes Françoises, elles firent des efforts étonnans ; dès le premier jour, elles formerent du côté de la porte S. Georges, au pied du glacis de la ville, une parallele dont la gauche fut fermée par une redoute construite vis-à-vis de la demi-lune de l'Escaut ; elles en formerent une seconde le lendemain, dont la droite fut appuyée au saillant de la communication gauche, & la gauche terminée au centre de la premiere parallele.

Un succès si prompt fut d'un heureux présage ; il rendit les assiégeans encore plus actifs ; ils établirent deux batteries, de dix mortiers chacune, qui firent aussi-tôt un feu terrible contre la

---

fut un des plus fameux dont parle l'histoire. Après la bataille de Ramillies en Juin 1706, elle se rendit au Duc de Malborough ; elle est sur l'Escaut, à 9 lieuës de Bruxelles, 9 de Gand, 27 d'Amsterdam & 60 de Paris.

(*b*) Le 19 Mai 1746, la garnison forte de 1600 hommes abandonna la ville & se retira dans la citadelle.

(*c*) La tranchée fut ouverte devant la citadelle la nuit du 25 au 26 Mai.

Dd

place ; les affiégés en tremblerent ; leur frayeur redoubla , au bruit de quatorze piéces de canon qui partit du front de l'attaque à droite & à gauche ; ils tenterent plufieurs fois de rallentir la vivacité du feu de ces batteries par l'ardeur des leurs ; tant d'efforts, ne fervirent qu'à épuifer leurs reffources.

LES affiégeans, dont l'activité croiffoit à mefure qu'ils trouvoient de la réfiftance, firent fuccéder leurs opérations les unes aux autres , avec tant de rapidité , que les affiégés n'eurent pas le tems de refpirer ; l'établiffement d'une nouvelle batterie de canon, à la gauche de la feconde parallele , acheva de les déconcerter ; ils fe crurent perdus, lorfqu'au travers du feu ils s'apperçurent que la fappe droite avoit été prolongée de deux zigzags, celle fur le baftion droit de trois , celle fur la demi-lune de deux & celle fur le baftion gauche auffi de deux ; leur crainte fe réalifa au bruit d'une nouvelle batterie de canon, qui partit du centre de la feconde parallele & qui fut fecondée d'une autre batteriede mortiers qu'on avoit placée à la tête de la fappe droite.

CE tonnerre épouvantable fit taire celui de la citadelle , on ne l'entendit prefque plus ; les fappes furent portées jufques aux paliffades, & les François fe rendirent maîtres du chemin couvert, que l'ennemi fut obligé d'abandonner ; les derniers coups alloient fe tourner vers le baftion de la gauche de l'attaque, lorfque le Gouverneur fit arborer le drapeau blanc ; (d) on capitula & la garnifon obtint encore les honneurs de la guerre.

(d) LE 31 Mai 1746 ; par la capitulation, qui fut fignée le lendemain , premier Juin , il fut convenu que la garnifon fortiroit avec les honneurs de la guerre , deux piéces de canon, un mortier & douze coups à tirer : ces conditions furent accordées en confidération de ce qu'il n'y avoit eû aucune bréche de formée, & que le Commandant s'étoit engagé à faire remettre au Roi les forts fitués fur la rive gauche de l'Efcaut.

LES Officiers Généraux qui commanderent, fous les ordres de M. le Comte de *Clermont* , pendant le fiége , furent, M. le Marquis de *Brezé* Lieutenant Général, & MM. *Thomé* , de *Seedorf* , le Marquis d'*Avarey* , le Comte de *Froullay* , le Comte de la *Vauguion* , le Duc d'*Havré* , de la *Peyroufe* , le Comte de *Choifeul* , le Chevalier de la *Marche* & le Chevalier d'*Aultane* , Maréchaux de camp.

Siege de MONS rendu le 10. Juillet. 1746.

CHAPITRE TROISIÉME.

Siége de MONS.

LOUIS XV ayant achevé de réduire le Brabant sous son obéissance, résolut de conquérir tout ce qui appartenoit encore à la Reine de Hongrie dans le Hainault ; le siége de Mons fut le premier objet qui se présenta & qui parut le plus capable de faire réussir cette grande entreprise ; SA MAJESTÉ en chargea M. le Prince de *Conti.*

CE grand Général, accoutumé à combattre, ou plutôt à vaincre sous les étendarts de son Roi, ne tarda pas à donner de nouvelles preuves de sa valeur & de sa capacité ; il fit investir cette place ; (b) d'un côté par le Duc de *Boufflers*, avec seize bataillons & vingt-quatre escadrons, de l'autre par le Comte d'*Estrées* avec trente bataillons.

CE premier pas fut suivi de toutes les dispositions qui précedent ordinairement les évenemens heureux ; on construisit des ponts de communication entre les quartiers, on établit deux batteries de canon qui tirerent aussi-tôt contre la premiere redoute de Nimy qu'elles foudroyerent, & on s'empara du poste qui la gardoit.

LES soldats François augurerent avantageusement, dès les premiers jours, pour le succès du Siége ; leur ardeur croissoit avec l'espérance, & en moins de vingt-quatre heures ils construi-

---

(a) MONS, ancienne, grande, belle, riche & très-forte ville des Pays-bas, capitale du Hainaut Autrichien ; il y a de forts beaux Edifices publics. Le Duc d'Albe la prit en 1572 ; le Maréchal d'Humieres la bloqua en 1677. Louis XIV la prit en 1691, les Alliés la reprirent en 1705 ; elle resta à la maison d'Autriche par la paix d'Utrecht ; elle est en partie sur une mon- tagne, & en partie dans la plaine dans un terrein marécageux sur la trouille, à deux lieuës de S. Guilain, dont les écluses la défendent, à 7 lieuës de Valenciennes & de Tournai, 4 de Maubeuge, 12 de Cambrai, 15 de Namur & 50 de Paris.

(b) INVESTISSEMENT, le 7 Juin 1746.

firent, en avant du bois, fur la rive droite de la haute Haine, deux nouvelles batteries qui ruinerent le petit ouvrage à corne fitué fur cette riviere.

L E Prince de *Conti* vit éclore du fein de ces avantages l'inftant de l'attaque , fon courage le faifit avec cet empreffement ordinaire aux Héros ; il détermina deux attaques , l'une fur le front de Bertamont, l'autre fur celui de Nimy, & fit ouvrir la tranchée en même temps dans les deux endroits ; (*c*) la garde de la tranchée , à l'attaque de Bertamont, fut confiée au Marquis de la *Farre* & au Duc de *Briffac*, qui avoient à leurs ordres trois bataillons, fix compagnies de Grenadiers auxiliaires & deux piquets de Dragons, & celle à l'attaque de Nimy, fut donnée au Comte de la *Mothe - Oudancourt* & au Comte de *Biffy* , qui commandoient auffi trois autres bataillons, fix compagnies de Grenadiers auxiliaires & un piquet de Dragons.

L E S travailleurs qui furent employés à l'attaque de Bertamont, parvinrent en peu de temps à former une parallele, à deux cent toifes du chemin couvert, dont la gauche fut appuyée à l'inondation de Quefme & la droite au village d'Hion, tandis que ceux qui furent commandés pour l'attaque de Nimy en formerent une autre à quatre-vingt toifes du chemin couvert, qui s'étendoit par la gauche jufqu'à la capitale d'un ouvrage que les affiégeans avoient eu la précaution de conftruire fur le bord de l'inondation.

C E S premiers triomphes, rendirent le Prince de *Conti* de plus en plus entreprenant ; il fit conftruire, avec une promptitude incroyable, deux batteries de canon, l'une contre la face gauche de la porte de Nimy, l'autre contre le demi-baftion de la gauche de l'ouvrage à corne ; le feu qui fortit de ces bouches meurtrieres répandit de tous côtés le trépas & l'effroy ; l'ennemi intimidé ne put en foutenir l'impétuofité, il chercha loin de fes retranchemens un azile moins périlleux, mais la mort & les François le fuivirent partout. On vît les affiégeans tous couverts de

_____

(*c*) O U V E R T U R E de la tranchée la | Ingénieur fut bleffé.
nuit du 24 au 25 Juin ; M. de Montfort , |

pouffiere

pouffiere s'élancer d'un pas audacieux vers les deux redoutes , nommées le fort Corbeau & le fort l'Eclufe , les attaquer avec intrépidité , & s'en emparer. (*d*)

CES avantages multipliés prouverent avec éclat l'habileté , l'expérience & le courage héroïque du Prince de *Conti* ; ce brave capitaine , dont l'ardeur infatigable ne laiffoit point de relâche aux affiégés , en fit bientôt naître de nouveaux ; il redoubla fes efforts contre Bertamont & fit gémir Nimy fous des coups encore plus violens que ceux qu'il venoit de lui porter.

LES affiégés harcelés de toutes parts , eurent beau oppofer à l'activité des François le feu de leur moufqueterie , ils ne purent rallentir le courage de ces guerriers intrépides ; envain , fit-on pleuvoir fur leurs têtes une grêle de bombes enflammées , ces foldats , qui couroient à la gloire , n'en furent point ébranlés , leur audace augmenta avec l'horreur , ils fe précipiterent , avec tant de furie , à travers les dangers , qu'ils perfectionnerent , en fort peu de temps , à l'attaque de Bertamont le front de la communication du chemin couvert & qu'ils couronnerent à celle de Nimy tout le front de l'ouvrage à corne.

CETTE rapidité de progrès étourdit entiérement l'ennemi ; il tenta plufieurs fois d'en arrêter le cours ; il accumula obftacles fur obftacles : foible reffource contre un Prince magnanime qui fraye à des Héros le chemin qui mene à la victoire ; ces efforts furent inutiles , & ne retarderent point les opérations du fiége.

LES mines du demi baftion ayant été éventées , on plaça des gabions fur le haut de la brêche de cet ouvrage , & l'on fit le long du chemin couvert de la branche gauche , vingt-cinq toifes de double fappe , avec un retour , qui coupa le chemin couvert & le glacis à fappe pleine.

TANDIS qu'on ajouta à ces travaux tout ce qui parût nécef-

(*d*) CE fut le 26 Juin , les affiégeans , eurent fept hommes tués ou bleffés , ils firent cinquante prifonniers & trouverent fept piéces de canon dans ces redoutes , qui étoient deftinées pour défendre la digue qui foutient l'inondation du côté de la Quefme.

faire pour accélérer la ruine de Mons, le Prince de *Conti*, vit
fortir de nouveaux lauriers du fein de l'attaque de Nimy ; le loge-
ment qu'il avoit fait établir dans l'ouvrage à corne fût prolon-
gé dans le rempart, jufqu'à l'extrémité des deux branches, & la
fappe, dans le terre-plein du chemin couvert de la branche gau-
che, fut pouffée à très-peu de diftance de la place d'armes qui
couvroit la porte de Nimy.

Les logemens perfectionnés, tant à l'attaque de Bertamont
qu'à celle de Nimy, plufieurs batteries de canon, de pierriers
& de mortiers, furent prefqu'auffi-tôt établies contre tous les
ouvrages qui paroiffoient encore s'oppofer au triomphe des Fran-
çois ; à peine ces batteries eurent-elles commencé à tirer, que
les affiégés, hors d'état de pouvoir efpérer de rallentir l'impé-
tuofité d'un feu auffi terrible, & d'arrêter le progrès des maux
qu'il avoit déja caufé, furent forcés d'arborer le drapeau blanc
aux deux attaques : (*e*) dès que le vainqueur l'eût apperçu, les
hoftilités cefferent & la capitulation fut fignée le lendemain.

Le fiége de S. Guilain (*f*) fuivit de près cette derniere &
brillante conquête ; le Marquis de la *Farre*, chargé de cette ex-
pédition, fit inveftir la place (*g*) trois jours après la réduction
de Mons.

(e) L e 10 Juillet 1746 ; par la capitu-
lation, la garnifon, compofée de fix ba-
taillons des troupes de la Reine de Hon-
grie, de fix bataillons Hollandois & de
quelques efcadrons, fut faite prifonniere
de guerre.

L e s Officiers Généraux qui monterent
fucceffivement la tranchée pendant le fié-
ge, furent, MM. le Marquis de la *Farre*,
le Comte de la *Mothe-Houdancourt*, le Mar-
quis de *Fenelon*, le Comte de *Lautrec*, le
Comte de *Chabannes*, le Comte de *Coigny*,
le Marquis du *Chatel*, le Comte d'*Eftrées*,
le Marquis de *Clermont* d'*Amboife*, de *Sal-
lieres*, de *Monnin*, le Comte de la *Riviere*,
le Comte de *Trefmes* Lieutenans Généraux
& MM. le Duc de *Briffac*, le Comte de
Biffy, le Chevalier d'*Agueffeau*, le Marquis
de *Fiennes*, le Marquis de *Pont Saint Pierre*,
le Marquis du *Muy*, le Duc de *Fleury*, le
Comte de *Blet*, le Comte de *Faudoas*, du
Mefnil, le Marquis d'*Andlau*, le Marquis
de *Surgeres*, le Comte de *Coetlogon*, le Mar-
quis de *Baupreau*, & de *Bernage* de *Chau-
mont* Maréchaux de camp.

(*f*) S a i n t Guilain, ville des Pays-
bas Autrichiens dans le Hainaut, dans la
prevôté de Mons qu'elle défend par fes éclu-
fes. Les François la prirent en 1678. Louis
XI V la rendit à l'Efpagne par le traité de
Nimegue. Les Alliés la prirent en 1708 &
en 1709, elle étoit demeurée à la Maifon
d'Autriche, elle eft dans un lieu maréca-
geux, fur la riviere de Haine, à deux lieuës
de Mons.

(*g*) L e 14 Juillet 1746.

Aussi-tot que les affiégeans eurent établi à la gauche de la chauffée d'Ath, une batterie de canon & une autre de mortier, pour inquiéter l'ennemi dans la redoute de Bourdou ; deux compagnies de Grenadiers attaquerent de front cette redoute, (*h*) tandis que deux autres fe mirent dans des bateaux, pour l'aller prendre de revers ; les ennemis voyant leur retraite coupée fe rendirent fans beaucoup de réfiftance.

Ce premier fuccès facilita l'établiffement d'une nouvelle batterie de mortier & de deux autres de canon, qui furent deftinées à prendre à dos & de revers la tête de Hornu & les ouvrages avancés fur la baffe Haine.

Dés que la tranchée fut enfuite ouverte devant la place, (*i*) les travaux avancerent avec autant de rapidité qu'on pût le défirer ; les affiégeans, tirerent à la droite une parallele qui déborda la flaque d'eau, ils firent un débouché fur la gauche pour arriver à la premiere eftacade fur la digue & fe trouverent en état, en moins de vingt-quatre heures, de tranfporter, fur des batteaux joints enfemble, deux piéces de canon, qu'ils mirênt auffi-tôt en batterie : les Grenadiers François, la terreur des ennemis, couperent l'eftacade à coups de haches, marcherent à l'ouvrage avancé & l'emporterent ; (*k*) ces intrépides guerriers cherchoient encore de nouveaux dangers, lorfque les affiégés allerent au devant des fers qu'on leur préparoit ; ils arborerent le drapeau blanc (*l*) & capitulerent.

Charleroi (*m*) ne tarda pas à éprouver le même fort que

(*h*) La nuit du 17 au 18 Juillet.

(*i*) Ouverture de la tranchée la nuit du 21 au 22 Juillet.

(*k*) Pendant la nuit du 23 au 24 Juillet.

(*l*) Le 25 Juillet ; par la capitulation, la garnifon fe rendit prifonniere de guerre.

(*m*) Charleroi, petite, mais très-forte ville des Pays-bas Autrichiens, au Comté de Namur, bâtie par les Efpagnols en 1666, qui la nommerent du nom de Charles II, ils l'abandonnerent en 1667, à l'approche des François auxquels elle fut cédée en 1668. Elle fut renduë aux Efpagnols en 1678 ; les François la bombarderent en 1692, la prirent en 1693, & la rendirent aux Efpagnols en 1697 ; elle fut cédée à Charles VI par le traité d'Utrecht ; il y a un fort & une fortereffe, elle eft fur la Sambre & le Piéton, à 8 licuës de Namur & 7 & demie de Mons.

S. Guilain ; cette place fut inveftie, (*n*) par les ordres du **Prince**
de *Conti*, auffi-tôt après la prife de Mons.

A Peine ce grand conquérant eût-il pris les mefures nécef-
faires, pour rendre les opérations de ce fiége promptes & heu-
reufes, que la tranchée fut ouverte en même temps aux trois at-
taques qu'il avoit déterminées ; (*o*) la premiere, fur le front de
la porte de Bruxelles, la feconde, fur le Poligone vis-à-vis le
village de Montigny & la troifiéme fur la partie de la baffe ville
qui faifoit face au village de Marcinelles.

Les avantages qui fuivirent bientôt l'ouverture de la tran-
chée, furent marqués au coin de l'intrépidité la plus déterminée ;
trois paralleles faites à l'attaque de Montigny, l'établiffement
d'un logement dans une redoute que les affiégés avoient été for-
cés d'abandonner, l'envahiffement de la gallerie fouterraine, qui
communiquoit au faillant de la petite lunette gauche, la conf-
truction d'une batterie de canon à la gauche de la redoute, une
parallele perfectionnée devant la porte de Bruxelles, une autre
devant Marcinelles, & une redoute emportée l'épée à la main
à cette attaque, ne furent l'ouvrage que d'un feul jour.

Les François, ayant enfuite perfectionné la gauche & le cen-
tre de la troifiéme parallele de Montigny, ils éleverent deux bat-
teries pour battre en brêche, fe logerent dans la place d'armes
faillante, firent une communication derriere ces batteries, pro-
longerent la troifiéme parallele jufqu'à la Sambre, le long de la-
quelle ils poufferent une fappe de bout avec des traverfes tournan-
tes, & conftruifirent une troifiéme batterie de mortier, derriere
la droite de la troifiéme parallele.

Ces grandes opérations furent couronnées par une action bien
glorieufe ; quinze Grenadiers, poftés dans le logement du faillant,
au devant de la petite lunette de la gauche, ayant apperçûs quel-
ques mouvemens dans le foffé, s'y précipiterent avec tant de zele
& de courage, (*p*) que l'ennemi effrayé, abandonna fur le champ

(*n*) Le 14 Juillet.
(*o*) Ouverture de la tranchée de- | vant Charleroi, la nuit du 28 au 29 Juillet.
| (*p*) Le 2 Août à la pointe du jour.

les

PLAN DE MONS.

les trois lunettes , la demi - lune & même l'ouvrage à corne, juf-
qu'où ces redoutables guerriers oferent le pourfuivre.

C E petit nombre de Héros , fe trouvant alors foutenu par tous
les autres Grenadiers de la tranchée , s'élança avec audace dans
l'ouvrage à corne & fe difpofoit à emporter le chemin couvert de
la place, quand les affiégés arborerent le drapeau blanc à cette
attaque ; ils furent bien-tôt contraints d'en faire autant aux deux
autres.

L A porte de Bruxelles , en butte à toutes les horreurs d'un
fiége cruël, ne put auffi réfifter plus long - temps aux généreux
efforts des affiégeans , dont les cris victorieux fe faifoient entendre
au loin ; les affiégés qui défendoient cette porte céderent à la
fureur des Grenadiers qui, maîtres du chemin couvert & déja
répandus dans la ville , la menaçoient de l'emporter d'affaut ; le
drapeau blanc qu'on arbora fur le baftion gauche , diffipa ce dernier
orage prêt à éclater.

L A réfiftance ne fut pas plus longue, du côté de Marcinelles,
le Prince de *Conti* , ayant attaqué le retranchement que les ennemis
avoient fait au-delà de la Sambre & les ayant pourfuivis juf-
qu'au chemin couvert de la place , il les força de battre la chamade
& de demander à capituler. (*q*)

(*q*) L E S affiégés arborerent le drapeau blanc aux trois attaques le 2 Août ; par la capitulation , qui fut fignée le même jour , la garnifon, compofée de trois bataillons , fut faite prifonniere de guerre.

CHAPITRE QUATRIÉME.

Siége des Ville & Château de N a m u r.

L Es victoires de L o u i s X V s'étoient multipliées avec tant de rapidité, entre la Mer & la Meuse, qu'il ne restoit plus à la Reine de Hongrie, entre l'une & l'autre, que Namur, (*a*) d'où elle pût inquiéter les anciennes frontieres de la France & pénétrer dans les nouvelles conquêtes du R o i ; cette derniere ressource parut mériter tous les soins du Prince *Charles de Lorraine*, qui employa tout ce que l'apparence lui offrit de plus propre à la conserver ; il rassembla toutes ses forces dans un camp, dont la seule situation sembloit devoir arrêter tous les efforts des François, & mettre Namur à l'abri de leurs coups ; il accumula obstacles sur obstacles, & ferma, par des barrieres, presque impénétrables, toutes les avenuës qui pouvoient conduire à cette place si précieuse ; vaines précautions, contre un Héros, qui avoit pour lui son courage incapable de se rallentir, son habileté qui le servit toujours à propos & la fortune de son Roi qui ne l'abandonna jamais.

L e Maréchal de *Saxe*, que son héroïsme reconnû & sa valeur développée dès sa tendre jeunesse avoient élevé au faîte de la gloire militaire, ce grand Général, chargé pour ainsi dire du destin de la France, confondit bientôt les vastes projets de l'ennemi ; il ménagea ses mouvemens avec tant de prudence, il concerta sa marche si sécrétement qu'il vint à bout, par la position avanta-

---

(*a*) N a m u r, grande, riche & très-forte ville des Pays-bas, capitale du Comté de Namur avec un fort château, plusieurs forts, dont les plus considérables, sont le fort Guillaume, le fort de Meuse, & le fort de Cocquelet. Louis XIV la prit en 1692, après six jours de tranchée ouverte ; Guillaume III, Roi d'Angleterre la reprit en 1695. Le Feld Maréchal Auwerkerque la bombarda en 1704 ; elle fut cédée à la maison d'Autriche par la paix d'Utrecht en 1713 ; & la garde en fut confiée aux Etats Généraux par le traité de Barrieres : elle est entre deux montagnes au confluent de la Meuse & de la Sambre, à 5 lieuës de Hui, 10 de Bruxelles, 15 de Mons & 60 de Paris.

SIEGE DES VILLE ET
CHATEAUX DE NAMUR
Rendus les 19 et 20 7bre 1746

geufe qu'il faifit , d'enlever au Prince *Charles de Lorraine* toute
efpece de fubfiftance.

CE premier fuccès fut la fource de tous ceux qui le fuivirent ;
ce Héros, força les Alliés d'abandonner leur camp & de cher-
cher un autre afile au-delà de la Meufe ; ils fentirent dès ce mo-
ment, combien il leur feroit difficile d'éluder les pourfuites de
leurs ennemis , & à combien de malheurs ils alloient être expo-
fés ; leur crainte, en effet, ne tarda pas à fe réalifer.

LE Comte de *Clermont*, qu'une cruelle maladie venoit de
mettre aux portes du tombeau, triomphe à peine de la mort,
qu'il vôle la défier devant les remparts de Namur.

DÉJA cette ville redoutable , dont les approches fembloient
innacceffibles, eft inveftie ; (*b*) cinquante-neuf bataillons & cin-
quante-fix efcadrons, commandés par un Prince toujours vic-
torieux en ménacent les mûrs & les attaquent ; cinq batteries de
canon, deux dirigées fur les ouvrages avancés de la porte S. Ni-
colas, deux autres fur les hauteurs, vis-à-vis des forts S. Antoine
& d'Efpinoir, & la cinquiéme fur la rive gauche de la haute Sam-
bre ouvrirent la fcêne par un feu auffi vif que meurtrier : ces fou-
dres de guerre prirent encore un dégré d'horreur , par le bruit
épouvantable qui partit en même temps de plufieurs autres bat-
teries , que l'activité des affiégeans venoit d'élever.

CE prélude bruyant répandit la terreur parmi l'ennemi , qui
fit les plus grands efforts pour arrêter l'impétuofité du feu de tou-
tes ces batteries ; les François, de leur côté, pleins de cette no-
ble ardeur qui brilloit dans les yeux de leur Général, féconderent
les glorieux exploits de ce Prince , avec tant de zéle & de cou-
rage , qu'ils embrafferent à la droite , dès leurs premieres tenta-
tives, (*c*) le fort Cocquelet, par un boyau qu'ils pousferent juf-
qu'à trente toifes du chemin couvert du fort de S. Ifidore & qu'ils
en formerent deux de communication, à l'attaque de la porte de
S. Nicolas , jufqu'à la Meufe.

<hr>

(*b*) INVESTISSEMENT de Namur le 5 Septembre 1746.

(*c*) OUVERTURE de la tranchée de- vant Namur la nuit du 12 au 13 Septem-bre.

L'ARTILLERIE Françoise devenoit de plus en plus confidé-
rable, elle facilitoit avec trop de fuccès les opérations du Com-
te de *Clermont*, pour que les affiégés puffent encore réfifter long-
temps aux coups qu'on leur portoit ; une nouvelle batterie, de
huit mortiers, dirigée contre le fort Cocquelet, une autre, de
huit piéces de canon & de deux mortiers, établie contre l'ouvra-
ge à corne de S. Nicolas & contre une redoute, fituée fur la rive
droite de la Meufe, acheverent de jetter le défordre dans la ville.

LE Comte de *Clermont*, ayant enfuite fait prolonger les boyaux
commencés fur la capitale du fort Cocquelet, jufqu'à l'angle fail-
lant du chemin couvert de ce fort, fit perfectionner, en fappes
tournantes les débouchés de la feconde attaque & s'empara, par
efcalade, du demi-baftion de la Meufe, (*d*) dans lequel il fit
prifonniers de guerre, cinq Officiers, un Ingénieur & cent douze
Soldats.

CES généreux efforts précéderent de bien peu, ceux qui ren-
dirent le Comte de *Clermont* vainqueur de Namur ; ce Prince, à la
tête de douze compagnie de Grenadiers, qui voloient par-tout où
l'impatience de vaincre les entrainoit, s'étant gliffé le long de la
Meufe, monta par la brêche de l'enveloppe de la porte S. Nico-
las, s'empara de ce vafte terrein, y fit tirer une parallele, à la-
quelle on communiqua par les ponts de la courtine & de la demi-
lune, fit couronner le chemin couvert du corps de la place, &
obligea, par ce dernier coup de Maître, l'ennemi à arborer le dra-
peau blanc ; (*e*) dès qu'il parût, les hoftilités cefferent, la ca-
pitulation fut fignée & les portes de S. Nicolas & de Fer furent
remifes au Comte de *Clermont*, qui accorda au Commandant de la
place le temps de fe retirer, avec fa garnifon, dans les châteaux.

ON touchoit au cinquiéme jour depuis la capitulation de la
ville, quand les horreurs de la guerre fe renouvellerent, (*f*) le
feu qui partit, en même-temps, de quarante piéces de canon &

____

(*d*) LE 15 Septembre.
(*e*) NAMUR fe rendit le 19 Septembre
1745, & la capitulation fut fignée le même

jour.
(*f*) C'ÉTOIT le 24 Septembre.

de trente-six mortiers, établis sur les remparts de la ville de Namur, fut le signal de l'attaque des châteaux.

LE Comte de *Clermont*, dont l'ardeur croissoit au milieu des dangers, fit ouvrir la tranchée en deux endroits ; (*g*) l'une du côté du vieux mur & l'autre vers l'Abbaye de Salsines.

A PEINE ce Prince belliqueux eût-il montré à ses soldats le chemin de la victoire, qu'ils franchirent, d'un pas audacieux, tous les obstacles qui s'opposoient à leur passage : ils prolongerent la premiere attaque jusqu'au-delà du fort Camus, embrasserent par la parallele une redoute située sur la gauche, contre laquelle ils dresserent une batterie de canon, qui ne cessa point de tirer pendant une nuit entiere, & pousserent un boyau sur l'angle saillant du chemin couvert jusqu'à quatre toises de la palissade.

LES travaux de la seconde attaque avancerent avec la même rapidité ; les assiégeans, ayant débouché de la premiere parallele, éleverent une batterie qu'ils destinerent à foudroyer la porte basse de Terre Neuve ; ils formerent ensuite la droite d'une seconde parallele, & ouvrirent deux boyaux qui, s'étendant le long de la Sambre, se terminerent à la montagne.

MALGRÉ le feu violent & continuel des assiégés, qui démasquerent quatre embrasures sur la capitale à droite & à gauche du du fort Camus, (*h*) le Comte de *Clermont* fit attacher le mineur à l'angle saillant de l'ouvrage qui couvroit ce fort, fit déboucher par un boyau qui longeoit la branche du chemin couvert & qui embrassoit l'angle de la capitale, & ordonna l'établissement de deux nouvelles batteries, l'une de huit piéces de canon, l'autre

(*g*) LA nuit du 24 au 25 Septembre, M. de *Primlet*, capitaine dans le régiment d'Enguien fut tué ; M. de *Blanzi*, officier d'artillerie, & M. de la *Pollerie*, capitaine dans le régiment de Mestre de Camp Général, furent blessés ; M. de *Foberg*, Ingénieur en chef & Lieutenant Colonel au service de SA MAJESTÉ catholique, reçut un coup de fusil au travers du corps ; ce dernier officier étoit le même qui, l'année précédente, étant à la tête de cent hommes, s'empara de Pavie ; il servit comme volontaire aux siéges d'Anvers, de Mons, de Charleroi & de Namur, & fut chargé pendant ce dernier siége de conduire 12 compagnies de Grenadiers par la brêche à l'assaut de l'ouvrage à corne de la porte de S. Nicolas.

(*h*) LE 26 Septembre, le lendemain 27, MM. de *Vaubrun* & *Sallier* Ingénieurs, & M. de la *Bassonniere* capitaine dans le régiment de Cambresis, furent, le premier tué & les deux autres blessés.

de six mortiers : (*i*) le feu que vômit ce nouvel Etna fut si terri-
ble, que les châteaux eussent été entierement ruinés en très - peu
de temps, si le Commandant de la place, qui s'apperçut du rapide
progrès des batteries françoises, n'eut prévenu ce désastre affreux
en arborant le drapeau blanc (*k*) & en demandant à capituler.

(*i*) L A nuit du 27 au 28 Septembre,
M M. de *Saune* & de *Narbonne* capitaines
dans le régiment de Monaco , M. de *Court*
capitaine dans le régiment de la Cour au
Chantre, & M. de *Brionville* furent blessés,
le premier eut les deux jambes emportées
d'un coup de canon.

(*k*) L E s châteaux de Namur se ren-
dirent le 30 Septembre 1746. Par la capi-
tulation, signée le même jour, il fut con-
venu que la garnison, composée de treize
bataillons & d'un escadron de cavalerie, se
rendroit prisonniere de guerre ; que le len-
demain elle sortiroit par la porte du bord de
l'eau & mettroit les armes bas à la barriere,
après quoi, elle passeroit la Sambre au pont
de Salsines, d'où elle iroit avec escorte par
la chaussée, la premiere journée à Gem-
blours & la seconde à Mons ; qu'il lui seroit
fourni aux frais du pays, soit par eau soit
par terre, tous les secours dont elle auroit
besoin & qu'il seroit permis aux Officiers
d'emporter les équipages & effets qui leur
appartenoient ; qu'aussi-tôt après la capitu-
lation signée, tous les ouvrages extérieurs
seroient remis aux assiégeans, ainsi qu'une
porte des châteaux, au choix de M. le Com-
te de *Clermont*, & que l'artillerie & les ma-
gasins seroient livrés aux Commissaires
d'artillerie & aux Commissaires des guerres,
que ce Prince nommeroit pour les rece-
voir ; que tous les prisonniers faits par les
assiégés pendant le siége de la ville & pen-
dant celui des châteaux, en quelque occa-
sion où dans quelque poste que ce pût être,

seroient mis en liberté, & que personne de
part ni d'autre ne pourroit entrer dans la
ville ni dans les châteaux qu'après l'expira-
tion du terme donné pour la sortie de la gar-
nison ; que la garnison laisseroit en ôtages un
Officier Major d'un régiment, un Capitai-
ne & un Auditeur, pour la sûreté du paye-
ment des dettes du fisc & de celles des trou-
pes ; qu'un tiers des Officiers pourroit se re-
tirer sur leur parole d'honneur, où ils juge-
roient à propos ; qu'on accorderoit la mê-
me liberté à tous les Officiers de l'Etat Ma-
jor de la ville & des châteaux & qu'on leur
expédieroit les passeports nécessaires.

L E s Officiers Généraux qui comman-
derent, sous les ordres de M. le Comte de
Clermont, pendant les siéges des ville &
châteaux de Namur, furent, M M. le Com-
te de *Ségur*, le Marquis de *Putanges*, le
Marquis de *Chazeron*, le Marquis de *S. Jal*,
le Marquis de *Villemur* & le Comte de
Lowendal, Lieutenans Généraux ; le Mar-
quis de *Fimarcon*, le Marquis de *Bellefond*,
le Duc de *Chevreuse*, le Marquis *Duchatelet*,
le Vicomte de *Pons*, le Marquis de *Fiennes*,
le Baron de *Montmorency*, le Chevalier de
Gramont, le Comte de *Levy*, le Comte de
Coetlogon, le Duc de *Fitzjames*, le Duc de
Chaulnes, le Marquis de *Fremur*, le Marquis
de *Bauffremont*, le Chevalier de *Nicolay*, le
Marquis de *Vibraye*, le Marquis de *Surgeres*,
le Comte de *Lussan*, le Comte de *Blet*, le
Duc d'*Havré*, le Comte de *Froulay* & le
Chevalier *Chauvelin*, Maréchaux de camp.

i-
u
de
ix

de
la
ra-
ar-
un
ai-
re-
ou-
e-
e-
ê-
a-
ur

n-
de
&
m-
le
l,
de
ar-
d,
et,
es,
de
de
de
puis
le
es,
le
le
np.

BATAILLE
DE ROCOUX
Gagnée sur les alliés
le 11. 8bre 1746.

CHAPITRE CINQUIÉME.

Bataille de ROCOUX.

SI la France vit un temps ou ces feux, ces illuminations, ces monumens paffagers de la gloire, devenus un fpectacle commun, n'attiroient plus la multitude raffafiée de fuccès, cette campagne en eft l'époque ; quelle fécondité de triomphes ! quel enchaine-ment de victoires ! on ne voit dans tous le pays ennemi, que dé-bris, que ruines, qu'horreur, que carnage, tout y eft teint de fang, & le vaincu, au milieu de ce cahos de décombremens, ofe encore former des projets ambitieux ; il fe flatte d'arrêter dans fon cours l'armée françoife qui, comme un torrent impétueux, inonde fes provinces ; il fe retranche dans les lignes d'Elderen ; foibles ob-ftacles pour les vainqueurs de Namur. Déja ce camp fi redoutable eft défert, on le change pour un autre ; Houtain & Grace feront-ils des aziles plus avantageux que ceux qu'on abandonne ? Le Ma-réchal Comte de *Saxe*, que fes heureux exploits, fes victoires ac-cumulées, fon intrépidité & fa rare prudence avoient rendu le maître des fuccès, le modele des guerriers ; ce grand conquérant, devant qui on ne fit jamais de faux mouvemens impunément, prou-va bientôt, que ceux que le Prince *Charles de Lorraine* venoit de hazarder alloient replonger les Alliés dans de nouveaux périls ; puifqu'ils les mettoient dans la néceffité inévitable de combattre.

Déja les troupes Françoifes ont paffé le Jar (*a*) & occupent le terrein qui fépare les deux chauffées qui conduifent à Liége ; le Maréchal de *Saxe*, auffi habile à diriger la marche d'une armée qu'à en régler l'action & les mouvemens en un jour de combat, ce Héros, qui porté fur les ailes de la victoire, au comble des honneurs de Mars, fçut en juftifier les faveurs par l'étenduë de fon génie, par la fupériorité de fes talens, par la juftefle de fes

(*a*) L'Armée paffa le Jar le 10 Octobre 1746.

projets, par l'infaillibilité de ſes meſures, par la vivacité & l'or-
dre de l'exécution, vit en un inſtant ſon armée rangée ſur quatre
lignes ; ſa droite étoit appuyée à Hognoul, ſa gauche à Neudorp,
un corps de réſerve formoit la troiſiéme ligne derriere le village
de Houté, & celui que commandoit le Marquis de *Contades* for-
moit la quatrieme.

LES troupes détachées, aux ordres du Comte de *Clermont*
& du Comte d'*Eſtrées*, camperent en avant de l'armée, ſur la
chauſſée de S. Tron à Liége, & celles commandées par MM. de
Clermont Gallerande & de *Mortagne* ſe placerent à la gauche.

VOILA quel fut le fruit des premiers ſoins du Maréchal de *Saxe*;
ceux qu'il prit enſuite ne furent pas moins eſſentiels; il alla recon-
noître la poſition des ennemis, qu'il découvrit ſur les hauteurs,
leur droite dépaſſoit la cenſe d'Enick & leur gauche ſe répandoit
ſur Ance & dans le faubourg de S . Valburge.

CETTE découverte régla les mouvemens que fit le Comte de
Saxe pour aſſurer le ſuccès de ſon projet ; l'ordre le plus exact
regnoit dans tous les rangs, & les Officiers Généraux, qui de-
voient commander les différentes attaques des villages que les Al-
liés occupoient, bruloient d'impatience d'en venir aux mains avec
l'ennemi, lorſqu'on vit percer, à travers des nüages qui cou-
vroient le Ciel, ce jour glorieux qui devoit faire tant d'honneur à
la nation Françoiſe : le Maréchal de *Saxe* l'attendoit avec trop d'ar-
deur pour manquer d'empreſſement ; il fit battre la générale, &
l'armée marcha ſur dix colonnes paralleles juſqu'à la hauteur du
village de Loutain, qui avoit été donné pour point de direction de
la marche de chaque colonne.

DÉS qu'on fut arrivé à l'endroit d'où l'on devoit aller à l'enne-
mi, la cavalerie des deux aîles ſe mit en ordre de bataille & l'in-
fanterie chargée des attaques reſta en colonnes par bataillons.

TANDIS que le Maréchal de *Saxe* faiſoit briller ſes vives lu-
mieres dans tout leur éclat, & qu'il déployoit ſi heureuſement
cette habilité conſommée à ranger une armée en bataille, le Prin-
ce *Charles de Lorraine* s'avança à cinq cens pas environ de ſon camp,
ſans abandonner les différens poſtes qu'il occupoit ſur les hauteurs,

& fit

& fit ses dispositions pour le combat ; l'instant qui devoit le voir commencer n'étoit pas éloigné, le feu du canon, placé à la droite de l'armée Françoise, en donna le signal & la scêne s'ouvrit dans le faubourg de Sainte Valburge (*b*) & dans le village d'Ance : le Comte de *Clermont* & le Comte d'*Estrées*, à la tête des brigades de Picardie, de Champagne, de Monaco, de Segur, de la Ferre & de Bourbon, s'y porterent avec tant d'intrépidité, que l'ennemi, ne pouvant plus soutenir l'ardeur impétueuse de ces Héros, fut obligé d'abandonner ces postes.

L e Maréchal de *Saxe*, accoutumé à braver ces foudres d'airain qui sembloient respecter sa tête, donna à cette attaque toutes les marques d'un brave Soldat, il combattit avec la même distinction à toutes les autres ; le champ de Varoux lui offrit de nouveaux lauriers, il vola les partager avec le Marquis de *Maubourg*, qui développa dans cette action toute l'ame d'un véritable Héros ; les brigades d'Orléans, des Vaisseaux, de Beauvoisis & de Rouergue, témoins des risques que ces deux grands Généraux couroient, féconderent leurs efforts avec un si généreux mépris de la mort, qu'ils forcerent l'ennemi, qui s'étoit retranché derriere les hayës du village, à chercher son salut plus loin. (*c*)

C e nouvel avantage répandit la consternation dans tous les cœurs des Alliés ; le Marquis d'*Hérouville*, Lieutenant Général, combla leur désespoir : ce brave guerrier, les yeux étincelans de ce beau feu qui semble présager la victoire, conduisit les Brigades de Navarre, d'Auvergne, de Royal & de Montmorin contre le village de Rocoux ; (*d*) cette indomptable phalange, semblable à la nuë qui renferme dans son sein le tonnerre, s'avança sur l'ennemi, l'éblouît de ses feux, & se fraya à travers les morts & les mourans une route à l'immortalité : M. de *Clermont Gallerande* & le corps qu'il commandoit n'eurent pas peu de part à la gloire de cette derniere attaque, ils y firent des prodiges de valeur.

C e fut alors, mais trop tard, que toutes les funestes horreurs

---

(*b*) C' e s t un faubourg de Liége.

(*c*) M o n s i e u r le Marquis de *Maubourg* eut un cheval tué sous lui à cette attaque.

(*d*) R o c o u x, village des Pays - bas près de Liége.

H h

qui fuivent ordinairement les batailles fe peignirent aux yeux des Alliés ; leur imagination intimidée ne leur répréfentoit plus que des bleffés confondus parmi des morts, que des dépouilles fanglantes, que des armes brifées, que des foldats percés & meurtris, qui, élevant une voix expirante pour demander du fecours, recevoient le dernier coup de la main de leurs propres compagnons, de leurs plus intimes amis.

L E Maréchal de *Saxe* témoin de tant de fuccès, dont il avoit partagé tous les périls, ne borna pas encore là fa victoire ; ce conquérant, qui fembloit avoir réuni dans fa perfonne l'activité infatigable d'Annibal avec la prudence confommée de Fabius, forma le projet d'attaquer le refte de l'armée ennemie ; il vola exécuter ce deffein à la tête de fix bataillons qui le fuivirent fur les hauteurs où étoient les redoutes des Alliés.

C E Héros les ayant trouvées défertes, chercha de la réfiftance ailleurs, il n'en rencontra nulle part, tout plioit devant lui ; la cavalerie Hollandoife ne pouvant plus tenir contre le tonnerre de l'artillerie Françoife ; qui ne ceffoit de gronder, mit le refte de l'armée dans une telle confufion que tout fe débanda ; la fuite fut la reffource des vaincus ; la nuit, qui furvint fort à propos pour eux, arrêta l'impétuofité du Maréchal qui les pourfuivoit vivement : ce grand capitaine, retenu par deux ravins impraticables que les ténebres rendoient encore plus affreux, fe contenta de faire canonner les fuyards dans leur retraite ; ils y perdirent beaucoup de monde, par l'attention qu'eût le Comte d'*Eftrées* de faire avancer des troupes légeres vers leurs ponts. (*e*)

C E S derniers coups terminerent cette glorieufe journée ; (*f*) le Maréchal de *Saxe*, marchant fur les traces des Turennes, des

(*e*) C E S ponts étoient fur la Meufe.

(*f*) C E T T E bataille fe donna le 11 Octobre 1746 : elle couta aux ennemis treize mille hommes tant tués que bleffés & faits prifonniers ; on leur prit neuf drapeaux, un étendart, & foixante quatre piéces de canon ; les vainqueurs eurent mille hommes de tués & deux mille bleffés :

M O N S I E U R le Marquis de *Fénélon*, Lieutenant Général, reçut un coup de canon à la jambe dont il mourut peu de tems après.

L E Prince de *Monaco*, le Marquis de *Laval*, & M. *Bonaventure*, brigadiers, le Marquis de *Béȝons*, le Marquis de *Ségur*, le Comte de *Bafleroi*, M. de *Lugeac*, le Comte de *Montmorin*, & le Comte de la *Tour d'Auvergne* furent auffi bleffés.

Condés, y remplit parfaitement tout ce qu'on pouvoit attendre de ses talens pour la guerre & de son zele pour la gloire d'un Prince, auquel il avoit consacré son épée & ses services par choix & par inclination.

L e Comte de *Clermont*, digne émule de ce Héros, ne fit pas des prodiges de valeur moins éclatans ; on le vit pendant toute la chaleur du combat, voler au-devant des périls, se précipiter dans les plus forts escadrons des ennemis, porter la mort dans tous les rangs, entasser lauriers sur lauriers & s'en former autant de dé-grés pour parvenir au faîte de la gloire.

T o u s les Officiers Généraux, à qui la conduite des différen-tes attaques avoit été confiée, partagerent l'honneur de cette ac-tion avec ce Prince courageux qui leur frayoit par tout une route assurée à la victoire : les Commandans de chaque corps, les Of-ficiers subalternes, les simples Soldats firent éclater en ce jour la plus noble intrépidité & montrerent jusqu'où l'éxemple des Héros peut conduire les François.

Fin du quatrième Livre.

OFFICIERS GÉNÉRAUX,
Qui servirent pendant la Campagne de 1746.

Ordre de Bataille de l'armée du ROI *du 16 Août 1746.*

LE ROI,

M. LE MARECHAL COMTE DE SAXE.

PREMIERE LIGNE.

LIEUTENANS GÉNÉRAUX,

M. Le Duc d'Harcourt,	M. Le Comte de Baviere,
M. Le Comte de Clermont Tonnerre,	M. De Salieres,
M. Le Marquis de Maubourg,	M. Le Comte d'Estrées,
M. de Bukley,	M. Le Duc de Randan,
M. Le Chevalier de S. André,	M. Le Marquis de Villemur,
M. Le Duc de Boutteville,	M. Le Comte de Tresmes,
M. Le Marquis de Brezé,	M. De Contades.

MARÉCHAUX DE CAMP.

M. Le Duc de Brissac,	M. Le Marquis d'Armentieres,
M. Le Duc de Chaulnes,	M. Le Comte de Lorges,
L. Le Comte de Relingue,	M. Le Comte de la Vauguyon,
M. Le Marquis du Muy,	M. Le Duc de Fitz-James,
M. Le Chevalier du Muy,	M. Le Chevalier d'Aguesseau,
M. Le Comte de Noailles,	M. Le Comte d'Andlau,
M. Le Comte de Faudoas,	M. Le Marquis de Fiennes,
M. Le Duc d'Havré,	M. Le Comte de Montmorency,
M. Le Comte de Froullay,	M. Le Comte de Graville,

BRIGADIERS.

M. Le Marquis de Chabrillan,	M. De la Brosse,
M. Le Chevalier de Beaucayre,	M. Pascal,
M. De Pierre Feu,	M. Le Comte de Vence,
M. Le Marquis de Cernay,	M. Le Marquis de Rougé,
M. Le Comte de la Massais,	M. De Tanus,
M. Le Marquis de Crillon,	M. Le Marquis d'Havrincourt,
M. Le Comte de Bergeick,	M. Le Comte de Rumain,
M. Parron,	M. Le Marquis de Poyanne,
M. De Vaux,	M. Le Comte de Brionne,

SECONDE

SECONDE LIGNE.

LIEUTENANS GÉNÉRAUX,

M. Le Comte de la Mothe-Houdancourt.
M. Le Marquis d'Hérouville ,
M. Le Marquis de Clermont d'Amboise ,
M. Le Marquis de Clermont Gallerande ,
M. Le Marquis Duchatel ,
M. Le Prince de Pons ,

M. Le Duc de Boufflers ,
M. Le Duc de Luxembourg ,
M. Le Marquis de Fenelon ,
M. Le Comte de Lowendal ,
M. Le Comte de Langeron ,

MARECHAUX DE CAMP.

M. Le Marquis de Souvré ,
M. Le Marquis de la Coste Messeliere ,
M. De la Marche ,
M. Le Chevalier d'Aultanne ,
M. Le Marquis de Choiseul ,
M. Le Marquis Rosen ,
M. Le Comte de Coetlogon ,
M. Le Comte de Blet ,
M. Le Chevalier de Gramont ,

M. Le Duc de Lauraguais ,
M. Le Marquis de S. Pern ,
M. Le Comte de Lussan ,
M. Le Marquis d'Anlesi ,
M. Le Marquis de Sourches ,
M. Le Comte de Beuvron ,
M. Le Marquis de Bissy fils ,
M. Le Chevalier Chauvelin.

BRIGADIERS.

M Le Duc d'Olonne ,
M. Le Chevalier de Dreux ,
M. Le Prince de Monaco ,
M. Le Prince de Guise ,
M. De Bombelles ,
M. Le Marquis de Barbançon ,
M. Bonaventure ,
M. Le Prince de Croy ,

M. Le Marquis de Voyer ,
M. D'Hauterive ,
M. Le Chevalier de Montbarrey ,
M. Le Marquis des Salles ,
M. Le Marquis Destainville ,
M. Le Marquis de Maupeou ,
M. Le Chevalier de Pons.

Sur les Aîles de la seconde ligne,

M. Thomé Maréchal de camp.
M. De Séedorff Maréchal de camp.

TROISIEME LIGNE.

LIEUTENANS GÉNÉRAUX.

M. Le Comte de Lautrec,
M. Le Comte de Chabannes,
M. Le Comte de Beranger,
M. Le Chevalier de Belle-Isle,
M. Le Marquis du Châtelet-Lomont,
M. Le Marquis de Meuse,
M. Le Marquis de Croissy,
M. Le Marquis de Pontchartrain,
M. Le Comte de Clare,
M. De Monnin,

MARÉCHAUX DE CAMP.

M. Le Marquis Duchâtelet,
M. Le Prince de Soubise,
M. Bernage de Chaumont,
M. Le Comte de Tressan,
M. Le Prince de Tingry,
M. Le Duc de Fleury,
M. Le Duc de Broglie,
M. De la Peyrouse,
M. Le Marquis Dumesnil,
M. Le Marquis de Chabanais,
M. Le Marquis de Montmorin,
M. Le Duc de Duras,
M. Le Comte de Pons,
M. Le Comte de Guerchy,
M. Le Marquis de Beaupreau,
M. Le Comte de S. Germain.

BRIGADIERS.

M. Le Marquis de Ruffey,
M. Le Comte de Duglas,
M. Le Marquis de Laval,
M. De la Neufville,
M. Boisseau,
M, De Berville,
M. De S. Segraux,
M. Le Chevalier Dailly,
M. De la Roche,
M. Le Marquis de Custine,
M- De la Serre,
M. De Salency,
M. Le Marquis de Crenay,
M. Darros,
M. Du Corail.

RESERVE,

LIEUTENANS GÉNÉRAUX,

M. Le Comte de Clermont,
M. Le Comte de Berchini,
M. Du Kaïla,
M. Le Comte de Courtomer,
M. Le Duc de Biron,

M. Le Marquis de Chiffreville,
M. Le Marquis de Marignane,
M. De Montgibault,
M. Le Comte de Montefíon,

MARÉCHAUX DE CAMP.

M. Le Comte de Logny-Montmorency,
M. Le Marquis de Crequy,
M. Le Comte de Rafilly,
M. Le Chevalier de Guers,
M. Le Comte du Roure,
M. Du Chambon,
M. Le Marquis de Fougeres,
M. Le Comte de Treffan,

M. Le Comte de Balincourt,
M. Le Chevalier de Suzy,
M. Le Marquis de Perruffy,
M. Le Marquis de Morangies,
M. Le Vicomte de Canillac,
M. Le Marquis de la Luzerne,
M. Le Marquis de la Salle.

BRIGADIERS.

M. Le Comte de Raugrave,
M. De la Valette,
M. Le Comte de Guiry,
M. Le Chevalier de Braffac,
M. Deftournelles,

M. Le Comte d'Apremont,
M. Le Chevalier Du Châtelet,
M. De S. Clair,
M. Le Comte de Lynden,
M. De Beauffobre,

Corps détachés fur les Aîles.

PREMIER

LIEUTENANS GÉNÉRAUX,

M. Le Comte de Segur,
M. Le Marquis de Chazeron,

M. Le Marquis de S. Jal,
M. Le Comte de Mortaigne.

MARÉCHAUX DE CAMP,

M. Le Marquis de Lévis,
M. Le Marquis de Fremur,

M. Le Chevalier de Nicolay,
M. Le Marquis de Vibraye.

SECOND CORPS.

LIEUTENANT GENERAL,

M. Le Marquis de Putanges.

MARÉCHAUX DE CAMP,

M. Le Comte de la Claviere,
M. De Boudeville,
M. De Cruſſol ,

M. Le Comte de Montbarey,
M. De Bellefonds.

TROISIÉME CORPS.

LIEUTENANT GENERAL,

M. Le Comte de Coigny.

MARECHAUX DE CAMP,

M. Le Marquis de Surgeres ,

M. Le Comte de la Suze.

BRIGADIERS,

M. Le Chevalier de Saumery,
M. Le Marquis d'Argenſe ,

M. Le Marquis de Bouflers.

QUATRIEME CORPS.

MARECHAUX DE CAMP;

M. Le Duc de Chevreuſe ,

M. Le Marquis de Beauffremont.

BRIGADIERS,

M. Dupleſſis ,
M. D'Aubigny ,

M. Le Marquis d'Asfeld.

ARTILLERIE.

LIEUTENANS GÉNÉRAUX ,

M. Le Chevalier de la Rocheaymon,
M. De Malezieu ,

M. Thiboutot.

BRIGADIERS ,

M. Le Chevalier de Fontenay ,
M. De Pumbecque ,
M. Pelletier ,
M. Le Chevalier Pelletier ,

M. Le Chevalier de Fontenay ,
M. De Valliere fils ,
M. De Richecourt ,
M. Labinon.

Cent ſoixante piéces de canon.

HISTOIRE
DES
CONQUESTES
DE
LOUIS XV.

LIVRE CINQUIÉME.

CAMPAGNES DE 1747 & 1748.

IL sembloit au comencement de cette anneé qu'il fût temps
enfin que Louis Le Bien Aimé se délassât des fatigues de
la guerre, à l'ombre des lauriers qui l'environnoient; & son cœur
plus occupé du bonheur de ses peuples, qu'enivré de l'hon-
neur séduisant d'enchainer l'Univers, ne songeoit plus qu'à pro-
curer à l'Europe la paix la plus heureuse, quand ce Monarque
Généreux s'apperçut qu'elle n'étoit pas toujours le fruit des
égards & des ménagemens.

Avant d'entreprendre la conquête des Pays-bas Hollandois,
Sa Majesté, prit toutes les mesures les plus capables d'étein-
dre le flambeau de la guerre: Elle fit sçavoir aux Etats Généraux

K k

des Provinces unies , les motifs fur lefquels elle fe propofoit de régler les opérations de fes troupes : Elle leur fit mettre fous les yeux les témoignages d'affection & de bienveillance qu'elle leur avoit donnés , depuis le commencement de la guerre , malgré leur perfévérance à fournir aux ennemis de fa couronne des reffources de toute efpece : Elle leur fit répréfenter les ménagemens infinis qu'elle avoit eus pour eux , & les démarches multipliées qu'elle avoit faites pour procurer une pacification générale ; enfin , Elle leur fit peindre le danger inévitable ou leur imprudence alloit les engager, s'ils négligeoient de faire ufage des moyens qu'ils avoient encore de le prévenir. (*a*)

T A N T de raifons auroient dû , fans doute , les écarter du précipice où ils alloient fe plonger;mais, toujours pleins des impreffions qu'ils avoient reçues des Miniftres de la Grande Bretagne , ils aimerent mieux courir les rifques d'attirer fur leurs têtes l'orage le plus affreux , que d'abandonner le parti de la Reine de Hongrie. Cet entêtement leur coûta cher. Le R o i , forcé de leur apprendre à refpecter d'avantage les égards qu'il avoit eus pour eux , fit entrer fes troupes fur leurs terres , & les Pays-bas Hollandois devinrent bien-tôt le théâtre de la guerre la plus cruelle.

(*a*) L e 17 Avril 1747 , M. l'Abbé de la Ville , Miniftre du Roi auprès des Etats-Généraux des Provinces unies , remit un Mémoire au Préfident de l'affemblée des Etats-Généraux , par lequel S a M a j e s t é invitoit cette République à écouter la voix de la paix.

SIEGE DE L'ECLUSE
Rendu le 21. Avril
1747.

CHAPITRE PREMIER.

Siéges de l'Ecluse & du Sas de GAND.

APRÉS que les troupes qui s'étoient assemblées à Gand, sous les ordres du Comte de *Lowendal*, se furent mises en marche, (*a*) ce Général en partit aussi avec un détachement & se rendit en un seul jour à Aerdembourg ; cette marche préci pitée n'étonna pas peu le Commandant de l'Ecluse, (*b*) il envoya sur le champ en demander la raison : le Comte de *Lowendal*, lui fit dire qu'il étoit venu pour s'emparer de sa place, & faire sa garnison prisonniere. Les effets suivirent de près cette réponse ; apeine eut-elle été rapportée au Commandant de l'Ecluse, que le Comte de *Lowendal* attaqua cette place. Dès la pointe du jour suivant, (*c*) six compagnies de Grenadiers, soutenues de quatre piquets, s'emparerent, sans aucune résistance, de la redoute sur la digue, & de l'épaulement qui la suivoit, ils poursuivirent même l'ennemi jusqu'au ténaillon qui couvroit l'Ecluse.

LA vivacité d'un feu de mousqueterie, que les assiégés firent alors, ne permit pas au Comte de *Lowendal* d'aller plus loin ; trop prudent pour exposer la vie de ses soldats sans espérance d'un avantage certain, il les fit retirer derriere l'épaulement, au pied duquel la tranchée fut ouverte la même nuit. (*d*) Les assiégeans guidés par un Héros consommé dans l'art de la guerre, firent des prodiges de valeur : les travaux avancerent avec une rapidité étonnante ; on fit une demie paralelle, à laquelle on communiqua par quinze

(*a*) LE 17 Avril 1747.

(*b*) L'ECLUSE, petite mais très-forte ville des Pays-bas Hollandois, au Comté de Flandre, avec un très-bon port & des écluses. Les Anglois l'assiégerent envain en 1405, & les Brugeois en 1436. Les Hollandois commandés par le Comte Maurice de Nassau, la prirent en 1604, elle est défenduë par plusieurs forts, & est proche la mer, à trois lieuës & demie de Bruges.

(*c*) C'ÉTOIT le 19 Avril. Le même jour M. *Petitot*, capitaine de Grenadiers du régiment de Monnin, eût la jambe emportée d'un boulet de canon.

(*d*) OUVERTURE de la tranchée la nuit du 19 au 20 Avril 1747.

zigzags, & la nuit suivante, on en fit une seconde & une troi-
siéme : ce nouvel ouvrage augmenta l'ardeur de ceux qui y furent
employés ; on se trouva dès ce moment à portée de communi-
quer de la premiere paralelle à la seconde par un seul boyau, & de
la seconde à la troisiéme par sept zigzags.

CE progrès rapide d'opérations conduisit à de nouveaux ef-
forts ; le Comte de *Lowendal* donnant par - tout l'exemple, sur-
monta tous les obstacles qui l'empêchoient d'approcher du ténail-
lon ; quelques heures lui suffirent pour y arriver : l'ennemi ne
voyant plus de ressources, sentit toute l'inutilité d'une plus lon-
gue défense, il battit la chamade & arbora le drapeau blanc ; (*e*)
le lendemain, la capitulation fut signée & le Commandant se
rendit prisonnier de guerre avec sa garnison.

APRÉS cette glorieuse expédition, le Comte de *Lowendal*
marcha au Sas de Gand, (*f*) qu'il avoit investi en même-temps
que l'Ecluse ; ce grand Général ayant pressé les attaques de cette
place, avec sa valeur & son activité ordinaire, la tranchée fut ou-
verte presqu'aussi - tôt qu'il eut paru. (*g*) Envain l'horreur & la
mort volent de toutes parts autour de lui, rien n'étonne la gran-
deur de son courage ; inébranlable au milieu du feu, il examine
& voit tout avec des yeux tranquilles & assurés : le génie le plus
profond & l'expérience la plus consommée dictent les ordres qu'il
donne ; on les exécute, & ce qui paroît impossible devient l'ou-
vrage d'un jour. Après avoir tout considéré, avec cette prudence
qui caractérise les Héros, il fit faire à la droite du canal de Gand

(*e*) LE 21 Avril 1747, par la capitu-
lation signée le 22, il fut convenu que la
garnison composée de trois bataillons Hol-
landois seroit prisonniere de guerre. Le 24,
les forts d'Issendick & de la Perle, furent
forcés de se rendre, la garnison du fort
d'Issendick composée de trois cens hommes
& celle du fort de la Perle composée de
deux cens hommes, furent faites prison-
nieres de guerre.

(*f*) LE Sas de Gand, petite ville très-
forte de la Flandre Hollandoise au quartier
de Gand ; elle est sur un canal qui commu-
nique avec Gand, dont elle est à trois
lieuës. Les Gantois la bâtirent pour être
un boulevard de leur ville, mais les Hol-
landois la prirent en 1644, elle leur est de-
meurée. Elle a un havre situé au milieu
d'un fort à quatre bastions, & est à un quart
de lieuë du fort S. Antoine, & à une lieuë
de Philippine.

(*g*) OUVERTURE de la tranchée la
nuit du 26 au 27 Avril 1747.

une

SIEGE,
DU SAS DE GAND
rendu le 30 Avril
1747.

une parallele devant le fort S. Antoine avec fes communications, & fit établir deux batteries de canon contre ce fort, dont la prife étoit néceffaire pour faciliter celle du Sas de Gand; il fit auffi placer vingt-quatre piéces de canon fur la digue de l'autre côté du Crickt, & huit mortiers en cinq batteries, qui prirent de revers & à dos les ouvrages de la ville; un jour fut fuffifant pour toutes ces opérations.

LES affiégeans fe porterent enfuite aux deux rives du canal de Gand, par des zigzags & par une fappe en crémaillere, juf-ques tout près du fort; ce nouveau progrès déconcerta entiére-ment ceux qui le défendoient, ils demanderent à capituler (*h*) & fe rendirent prifonniers de guerre.

A PEINE le fort S. Antoine fût-il foumis au pouvoir des Fran-çois, que malgré les ombres de la nuit qui commençoient à fe répandre, on pouffa en avant du fort vingt zigzags au bout def-quels on fit un crochet; on s'approcha le long de la digue de Phi-lippine jufqu'à cent toifes du chemin couvert; ces travaux mirent, la nuit fuivante, le Comte de *Lowendal*, en état de pouffer à l'at-taque du Sas de Gand une fappe de bout avec fept traverfes tour-nantes, de s'emparer du chemin couvert & de s'y loger.

LES affiégés, qui s'étoient confumés en efforts impuiffans, fe trouverent alors forcés de rendre les armes, ils battirent la cha-made & demanderent à capituler : (*i*) par cette capitulation la garnifon fut faite prifonniere de guerre.

(*h*) LE 28 Avril, & l'on y fit 30 prifon-niers de guerre.

(*i*) LE 30 Avril 1747, la garnifon com-pofée d'un bataillon du régiment de Gade-lier & de deux compagnies du régiment de Braw fut faite prifonniere de guerre.

CHAPITRE SECOND.

Siéges de P H I L I P P I N E , *de* H U L S T & *d'*A X E L.

LE siége du fort de Philippine (*a*) fut fait avec la même rapidité que les autres ; le Comte de *Lowendal* ayant fait offrir à la garnison des conditions honorables , qui furent refusées , fit ouvrir la tranchée devant cette place. (*b*)

LA tranchée fut ouverte en deux endroits , à droite , on fit faire une demie parallele à environ deux cent vingt toises du chemin couvert , & on y communiqua par dix-neuf zigzags ; à gauche on en fit faire une autre à deux cent toises , à laquelle on communiqua par quinze : la nuit suivante , le Comte de *Lowendal* donna de nouveaux ordres : à la droite , ce Général fit pousser en avant cinq zigzags au bout desquels il fit faire un crochet , & on établit dans la demie parallele une batterie de canon , & une autre de mortiers : à la gauche on en dressa aussi une autre de canon ; tout cela fut aussi heureusement exécuté qu'imaginé : sept nouveaux zigzags qu'on poussa à la droite & au bout desquels on fit un crochet , ne couterent pas plus de temps qu'en avoient coutées les opérations de la nuit précédente : celles qui devoient suivre pour forcer la place à se rendre , sembloient exiger de plus longs travaux ; mais le Comte de *Lowendal* , voyant qu'il n'y avoit plus qu'un pas à faire pour enlever toutes ressources à l'ennemi , fit prolonger la sappe par neuf zigzags jusqu'à la fleche , d'où l'on se porta sur le saillant droit du chemin couvert que l'on couronna. Ce dernier effort fit sentir aux assiégés tout le poids de leur imprudence ; les offres qu'on leur avoit faites , avant l'ouverture de la tranchée , leur revinrent à l'esprit , mais il n'étoit

---

(*a*) PHILIPPINE , fort des Pays-bas , au Brabant Hollandois , sur le bras occidental de l'Escaut. Le Comte de Nassau le prit en 1633 ; les Espagnols furent contraints d'en lever le siége quelque temps après & en 1635. Il est à une lieuë du Sas de Gand.

(*b*) OUVERTURE de la tranchée la nuit du 2 au 3 Mai 1747.

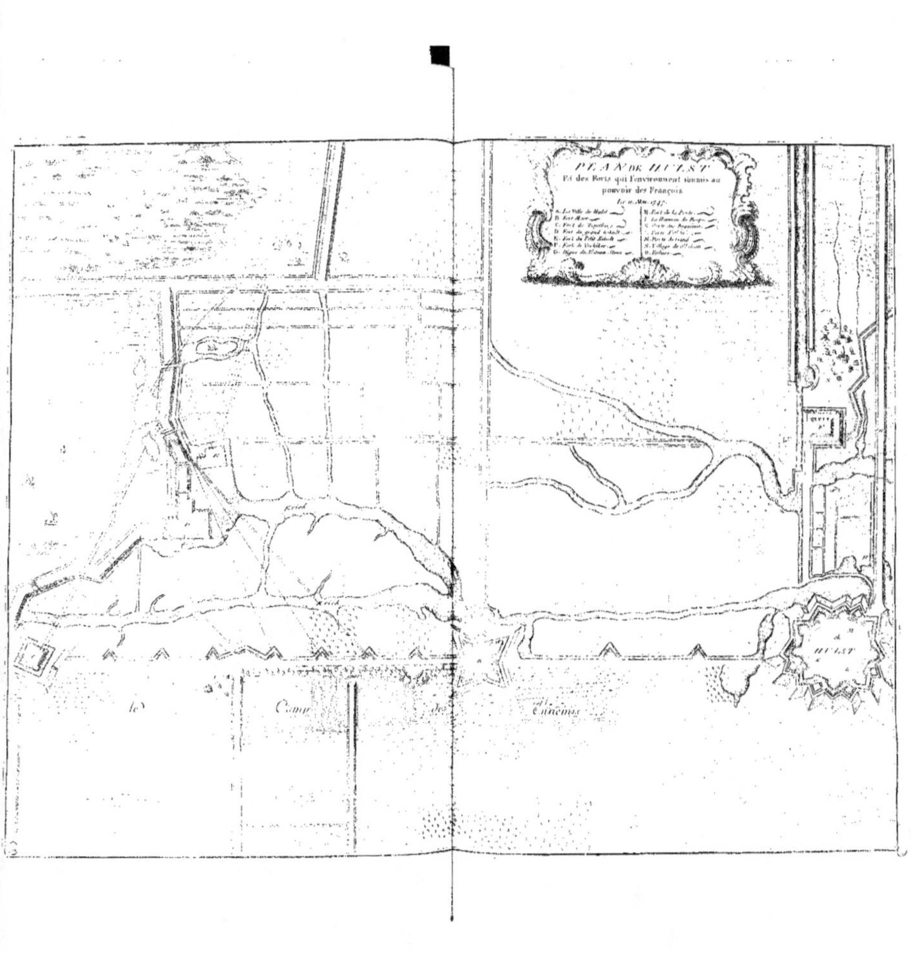

PLAN DE HULST
Et des Forts qui l'environnent soumis au
pouvoir des François
le 11 Mai 1747.
A. La Ville de Hulst
B. Fort Moer
C. Fort de Papebeure
D. Fort du grand Kekuit
E. Fort du Petit Kekuit
F. Fort de Vachelaer
G. Digue de Nieuwen Arms
H. Fort de la Poste
I. Le Hameau de Perpos
K. Fort des Papeimes
L. Fort d'Ostein
M. Fort de la sand
N. Village de St Jean
O. Ecluse
le Camp des Ennemis
HULST

plus tems d'en gouter l'avantage ; les circonſtances étoient chan-
gées ; victimes de leur témérité , il fallut demander à capituler ;
ils brulerent le pont de la Courtine ; la garniſon , compoſée de
cinq cens quatre vingt hommes, capitula le lendemain à la pointe
du jour & ſe rendit priſonniere de guerre. (*c*)

P H I L I P P I N E , ſoumis à l'obéiſſance des François , il ſe ré-
pandit des bruits que les ennemis menaçoient Anvers ; le Comte
de *Lowendal* reçut des ordres pour s'y rendre & le Marquis de
Contades fut chargé de toute la conduite du ſiége de Hulſt ; (*d*) ce
Général , dont les exploits fameux paſſeront aux ſiécles les plus
reculés , l'avoit déja commencé.

L E S premiers travaux de ce ſiége furent heureux ; quand les
intérêts d'un Prince que l'on adore, & l'amour de la gloire inſ-
pirent des cœurs courageux , tout devient aiſé : quelques jours
avoient ſuffi pour s'emparer du grand & du petit Kikult , pour
faire & perfectionner une communication de près de cinq cens
toiſes ſur la digue qui y conduiſit à couvert , & pour commencer
l'établiſſement de deux batteries, l'une de canon & l'autre de mor-
tiers. La conſtruction d'un petit logement, pour placer une com-
pagnie de Grenadiers , la difficulté d'établir deux batteries , ſur
la digue du Polore de Kildereckt , pour battre de revers & d'en-
filade le fort Zantberg, de ſe porter enſuite en avant juſqu'à un
redan qui formoit la digue , & de cheminer de bout à traverſes
tournantes ſur cent trente toiſes , ne furent pas l'ouvrage d'un
temps plus conſidérable. Le Marquis de *Contades*, eut encore
la ſatisfaction de voir, en un plus court eſpace , emporter la bat-

(*c*) C'ÉTOIT le 6 Mai 1747. On
trouva dans ce fort vingt-ſept piéces de ca-
non de fonte.

(*d*) HULST, petite mais très-forte ville
des Pays-bas Hollandois au Comté de Flan-
dre , capitale d'un bailliage du même
nom , au quartier de Gand ; les Confede-
rés la prirent en 1578 ; le Duc de Parme en
1583 ; le Prince Maurice en 1591 après
ſix jours de tranchée ; l'Archiduc d'Albert
en 1596 & Frederic Henri, Prince d'Oran-
ge, la reprit aux Eſpagnols en 1615 , & de-
puis ce temps elle eſt reſtée aux Hollan-
dois ; MM. de Bedmar & de Vauban fu-
rent contraints d'en lever le ſiége en 1702.
Il y a un très-bel hôtel de ville , & la mai-
ſon du Commandant eſt la plus belle de tou-
te la Flandre ; cette ville eſt à ſix lieuës
d'Anvers & ſept de Gand.

terie des ennemis fur la digue , en deçà du fort Zantberg , par
fix compagnies de Grenadiers, qui taillerent en piéces quatre
vingt-dix hommes qui la gardoient.

CES braves guerriers, entrainés par l'ardeur de vaincre, &
tous couverts des lauriers qu'ils ceuilloient de toutes mains , ne
purent modérer la rapidité de leur courfe ; portant plus loin la
terreur & la mort , ils firent un nouveau carnage de tout ce qui
fe rencontra fous leurs coups. Ces prodiges de valeur euffent con-
duit infenfiblement à de nouvelles opérations, qui auroient af-
furé dans l'inftant la conquête de la place , fi trois bataillons en-
nemis qui marcherent en ordre n'euffent forcés par la fupériorité
du nombre nos Grenadiers à fe retirer & à abandonner la batte-
rie qu'ils venoient d'enlever , & le logement qui étoit déja fait ,
pour rentrer dans leur ancien terrein.

LES François fe releverent bien-tôt de ce petit échec, &
l'ennemi ne profita pas long-temps de ce foible avantage ; le Mar-
quis de *Contades* fit prolonger la fappe de bout , & établir une
nouvelle batterie pour ruiner celle des ennemis ; cette nouvelle
tentative fut plus heureufe que la premiere , cinq compagnies de
Grenadiers marcherent à cette batterie , l'attaquerent de front &
de côté , & fe porterent au-delà pour couvrir les travailleurs qui
firent un bon logement, auquel on communiqua tout de fuite.
Ces travaux fi heureufement conduits , augmenterent l'activité
des affiégeans, ils poufferent la fappe jufqu'à l'éclufe, devant
laquelle on fit une demie parallele.

APRES toutes ces grandes opérations, on couronna le che-
min couvert de droit & de gauche, & le couronnement ayant été
prolongé , on fit la defcente du foffé , & l'on porta le pont qu'on
avoit commencé jufqu'au tiers de fa largeur.

ON touchoit au treziéme jour de travaux, lorfque le Com-
mandant du fort de Zantberg demanda à capituler ; (*e*) les

____

(*e*) CE fort fe rendit le 10 Mai 1747 ,
on y fit 83 prifonniers ; cette prife fut pré-
cédée de deux attaques très-vives, elles
couterent 600 hommes aux ennemis, & les

affiégeans eurent 150 hommes tués ou blef-
fés : la feconde attaque dura depuis neuf
heures du foir jufqu'à deux heures après
minuit, une heure après , le feu prit à des

affiégeans

affiégeans entrerent dans ce fort à midi, & les ennemis fe re-
tirerent du côté de la ville : le Marquis de *Contades* ordonna
enfuite qu'on fe portât dès le foir même, jufqu'au-delà du fort
Roepe, que l'ennemi avoit abandonné, & pendant la nuit on
s'avança en droiture le long d'une digue, fur la ville, devant
laquelle on alloit ouvrir la tranchée, lorfque le Gouverneur
de la place fit arborer le drapeau blanc. (*f*) Par la capitu-
lation qui fut fignée le lendemain, le Gouverneur obtint les
honneurs de la guerre, pour lui, pour fes adjudans & pour
quatre cens hommes à fon choix, mais, fans canon, drapeau,
ni étendard : le refte de la garnifon compofée de quatre - vingt
dix - fept Officiers & de feize cens quatre - vingt - un Soldats, fut
prifonniere de guerre.

D E Hulft, le Marquis de *Contades* vôla tout couvert de
gloire au fiége d'Axel ; (*g*) fes premiers foins furent de faire
fonder le Crick, qui étoit fort large mais peu profond en plu-
fieurs endroits à marée baffe ; il fit enfuite pouffer, jufqu'au
milieu de la largeur de cette riviere, une chauffée, à l'extré-
mité de laquelle on commença l'établiffement d'une batterie de
canon. Tous ces travaux ne durerent qu'un jour, & l'ennemi s'ap-
percevant bien, qu'il n'étoit point en état d'en arrêter le pro-
grès, battit la chamade (*h*) & fit paffer un Officier dans un
batteau pour obtenir des conditions avantageufes ; le Marquis
de *Contades*, lui accorda, fans aucune difficulté, tous les hon-
neurs de la guerre.

---

trainées de poudre & fe communiqua à des barils qui en étoient remplis, cent treize hommes en furent brulés, mais la plûpart revinrent de leurs bleffures. Pour remé-dier au défordre que cet accident mit dans les troupes, M. le Marquis de la *Tour Dupin* fe jetta avec le premier bataillon de fon régiment au milieu des flammes, & par cette action hardie & bien judicieufe, il prévint toute entreprife de la part de l'en-nemi.

(*f*) C E fut le 11 Mai 1747.

(*g*) A X E L, petite mais très-forte ville des Pays-bas dans la Flandre Hollandoife. Le Prince Maurice d'Orange la prit en 1586, les Efpagnols la céderent aux Pro-vinces unies en 1648, elle eft entre des marais, à cinq lieuës de Gand, fix d'An-vers & une demie lieuë de Hulft.

(*h*) L E 17 Mai 1747.

P E U de jours après la réduction de la ville d'Axel , un parti François, compofé de deux cens hommes, rencontra près de Duffel un corps confidérable de Croates qu'il attaqua & qu'il obligea de fe retirer ; malgré la fupériorité du nombre des ennemis , les François ne perdirent que fix hommes en cette occafion. (*i*)

(*i*) MONSIEUR de *Meric* , Brigadier des Armées du Roi y fut tué , il fut extrêmement regretté , parce qu'il avoit fait depuis quelques années plufieurs actions d'éclat qui lui avoient acquis une grande réputation.

BATAILLE de LAWFFELT
gagneé sur les alliés
le 2. Juillet 1747

CHAPITRE TROISIEME.

Bataille de LAWFFELD.

TANDIS que la Flandre Hollandoife plioit fous les efforts des François, le Duc de *Cumberland* pour occafionner une diverfion, avoit dirigé fa marche, avec toutes les forces de fes Alliés, du côté de la Ville d'Anvers, dans le deffein d'en former le fiége ; mais ce Prince, par les fages précautions du Maréchal de *Saxe*, à qui rien n'échappoit, fe vit bientôt obligé de renoncer à ce projet hardi, qu'un excès de confiance, fi dangereux à la guerre, avoit fait naître. Les difficultés qui fe multiplioient fans ceffe, & les effais infructueux qu'il venoit de hafarder, lui ouvrirent enfin les yeux & lui firent connoître, que pour une entreprife d'une auffi grande importance, fes forces ne répondoient point à l'ambition de fes vuës ; il prit donc le parti de tenter la victoire dans un champ moins fécond en obftacles ; il ne fut pas heureux dans le choix qu'il fit.

LE's premiers pas de ce Prince, en fe retirant, fe tournerent vers les deux Nethes ; ce pofte lui parut avantageux ; il ne l'auroit point abandonné, fans doute, s'il eût pû le conferver.

DÈS que SA MAJESTÉ fut informée des nouveaux mouvemens du Duc de *Cumberland*, & de la pofition de l'armée des Alliés, elle partit fur le champ, pour aller fe mettre à la tête de fes troupes ; pleine de cette noble impatience qu'infpire l'amour des triomphes, elle les joignit bientôt.

LE's premiers foins du Monarque furent, de prendre les dimenfions les plus convenables pour forcer l'ennemi à fortir des deux Nethes qu'il occupoit ; les moyens qu'il employa pour y parvenir opérerent un effet promt & heureux. (*a*) Le Duc de *Cum-*

(*a*) LE 27 Juin 1747, M. le Marquis de *Vence* Brigadier d'Infanterie & Colonel du régiment Royal Corfe, fe rendit maître de la Ville de Liere, & le même jour, *berland* quitta cette retraite, & fe porta dans les environs de Haffelt. (*b*)

Ce déplacement fut d'un bon augure, le Roi qui venoit de l'apprendre, lifoit déja dans un avenir prochain, un de ces événemens fameux faits pour étonner la poftérité.

Le Maréchal de *Saxe*, dont la valeur & la fage expérience ont rendu tant de fervices aux Francois, inftruit de tous ces mouvemens, partit auffi-tôt pour Louvain, où Sa Majesté s'étoit arrêtée, & prit avec elle les méfures néceffaires pour mettre tout, dans cet ordre heureux d'où dépendent les plus grands fuccès.

Le Roi qui marchoit à grands pas à la victoire la plus éclatante, décida, que l'armée partiroit fans équipages, à onze heures du foir, (*c*) fous les ordres du Comte d'*Eu* ; Sa Majesté fit auffi dépêcher des Couriers à Tirlemont, Ofmael & S. Tron, pour qu'à leur arrivée, les troupes qui y étoient campées, marchaffent fans délai fur Tongres, (*d*) & ce Monarque ne garda près de lui que fa Maifon, les Carabiniers, le régiment des Dragons du Colonel Général, & la compagnie de Fifcher, pour l'efcorter lors de fon départ, qu'il fixa au lendemain.

Le Maréchal de *Saxe*, que les intérêts de fon maître animoient, dévança d'un jour le départ du Roi, pour travailler aux préparatifs qui devoient conduire à la glorieufe journée de Lawfield ; il fe rendit à la Juftice de Tongreberg d'où il diftingua un camp des ennemis qui fe formoit, mais qui lui parût peu confidérable.

Cette découverte redoubla les foins & l'attention de ce grand Général ; il prit de nouvelles méfures, donna de nouveaux

---

M. de *Beauffobre* entra dans Herenthals, avec fon régiment, il y fit 70 prifonniers & enleva quelques chariots ; ces deux Villes font fituées fur la Nethe; Hérenthals fut bâti par Henry Duc de Brabant en 1212.

(*b*) Hasselt, jolie petite Ville des Provinces unies dans l'Overiffel fur le Wecht.

(*c*) Le 29 Juin 1747.

(*d*) Tongres, ancienne Ville des Pays-bas, dans l'Evêché de Liége, dans la Hafbaye : elle étoit autrefois très-confidérable & Capitale d'un grand Pays du temps de Jules Céfar. Les François la prirent en 1672, & la démantelerent en 1673 ; elle eft fur le Jar, à 5 lieuës de Maeftricht.

ordre

ordres & fit informer Sa Majesté des démarches qu'il venoit de faire : le Roi les ayant approuvées s'empreffa d'arriver. Il y eût joint fon Général dès le même jour, fi des Couriers qui l'informerent que l'artillerie n'avoit point encore paffé la grande Gette ne l'euffent déterminé à fe repofer à Ofmael ; ce Prince y paffa la nuit.

Le lendemain, avant quatre heures du matin, Sa Majesté partit d'Ofmael pour fe rendre à Tongres ; auffitôt que ce Monarque y fut arrivé, fes premiers empreffemens le porterent fur le champ de bataille qu'avoit choifi le Maréchal de *Saxe*.

A Peine Sa Majesté eut-elle paru fur ce théâtre fameux, où l'éclat de fa gloire alloit encore prendre un nouveau luftre, qu'on crut voir naître autour d'elle une forêt de lauriers ; elle fe fentit agitée de ces tranfports belliqueux, qui font toujours les préfages certains d'une victoire complette ; & pleine de l'ardeur qui l'entraînoit, elle courut fur les hauteurs d'Herderen, d'où elle examina, avec cette précieufe attention fi néceffaire dans les grandes entreprifes, l'ordre & la difpofition des deux armées.

Celle des ennemis avoit fa droite à la commanderie, longeant les hauteurs, &fon aîle gauche tiroit vers Maeftricht, occupant les villages en avant de cette pofition, dans lefquels elle étoit retranchée, & où elle avoit placé plufieurs batteries de canon.

L'Armée Françoife au contraire, rangée fur deux lignes d'infanterie & de cavalerie, avoit fa gauche en face de la commanderie, où étoit le quartier du Duc de *Cumberland*, & fa droite s'étendoit au-delà du village de Rimps & de la Maifon-blanche, laiffant le village en avant.

Le Roi, après avoir tout examiné, parut très-fatisfait de la fituation avantageufe, que les foins du Maréchal avoient procurés à fon armée, & l'engagea de ne rien négliger pour la mettre à l'abri des tentatives que pourroit faire l'ennemi pour la déplacer.

Les foupçons de Sa Majesté n'étoient pas fans fondement ; dès le foir même, (e) les ennemis défefpérés d'avoir

(e) Le premier Juillet.

N n

manqué les postes que l'activité du Maréchal de *Saxe* avoit saisis en prévenant leur arrivée, firent des efforts pour s'emparer du village de Rymps ; ils canonnerent ce poste pendant près d'une heure, avec trente piéces de canon, mais ce fût sans succès.

L ES troupes Françoises se tinrent en ordre de bataille la nuit suivante ; elle parut bien longue à ces braves guerriers qui bruloient d'impatience de signaler leur intrépidité : SA MAJESTÉ n'attendit pas le lever de l'aurore pour se disposer au combat ; après avoir offert au Roi des Rois la pureté de son cœur, elle vola sur le champ de bataille : sa présence versant dans toutes les ames l'allégresse & la joye, inspira à tous les cœurs cette confiance qui suit par-tout les Héros, & cette noble ardeur qui échauffe le courage à l'approche des dangers.

SA MAJESTÉ, qui lisoit dans tous les yeux l'heureux effet que son exemple produisoit, après quelques vives & courtes exhortations, donna ses ordres ; l'armée se mit en mouvement pour attaquer celle des Alliés, & l'action commença. (*f*)

L ES premiers efforts des François se tournerent contre le village de Lawffeld ; (*g*) le Comte de *Clermont*, à la tête du corps de troupes qui étoit à ses ordres & qui avoit été renforcé de quelques brigades de cavalerie, s'avança vers ce village, tandis que le Comte d'*Estrées* marcha par le flanc gauche de l'ennemi.

L ES troupes Angloises, Hanovriennes, Hessoises, & quelques régimens Hollandois s'opposerent avec beaucoup de valeur aux tentatives du Comte de *Clermont* ; les décharges réitérées que fit la grosse artillerie des ennemis, tant à boulets qu'à cartouche, donnerent le spectacle le plus terrible ; mais, malgré la vivacité de ce feu, malgré le double retranchement qui soutenoit Lawffeld, & l'escarpement des parapets qu'il fallut escalader, les différentes colonnes, commandées par le Comte de *Clermont*, animées par l'exemple de leur Général, s'avancerent en bon ordre & pénétrerent jusques dans les premiers vergers de

____

(*f*) L E deux Juillet, dix heures du matin.   (*g*) C E village est à une lieuë de Mastricht.

ce village : on fe battit long-temps avec une égale fureur & fans
que dans l'un & l'autre parti on vît aucun corps plier, ni la
moindre apparence de crainte & de frayeur ; un foldat tué, étoit
auffi-tôt remplacé par un autre ; & quelque péril qu'il y eût dans
les premiers rangs, chacun fe preffoit d'y occuper une place ; on
n'avoit point encore vû de combat fi furieux ni fi fanglant ; les
ennemis, irrités de trouver une fi longue réfiftance, encouragés
par les généreux reproches de leurs Officiers, & recevant à chaque
inftant de nouveaux fecours, s'abandonnerent d'une maniere fi
déterminée à travers nos bataillons, que les François furent
contraints de céder au nombre.

CE premier échec, ne rallentit point le courage de ces bra-
ves foldats ; confultant plutôt leur valeur que leur force, ils
tenterent de nouveau d'enfoncer l'ennemi ; rien ne put arrêter
leur guerriere audace ; les obftacles les plus affreux eurent beau
leur préfenter la mort de toutes parts, ces images quelques ef-
frayantes qu'elles fuffent, ne purent les faire trembler ; ils s'en-
foncerent à travers l'horreur dans les efcadrons les plus épais ; ils
auroient, fans doute, dès cette feconde attaque, renverfé ces
revêtemens qui faifoient une citadelle de chaque verger du vil-
lage de Lawffeld & fe feroient, malgré les efforts des troupes
qui les défendoient, emparés du village même, fi la pluie pref-
que continuelle qu'il fit & qui rendit le terrein impraticable,
n'eût auffi rendu leurs tentatives infructueufes.

LES coups qui fuivirent les derniers que les François ve-
noient de porter, ne furent point encore décififs ; cette atta-
que coûta à la France un Héros bien digne d'être regretté :
le Comte de *Baviere*, qui y commandoit une brigade de cava-
lerie, y périt.

LE ROI, toujours attentif à ce qui fe paffoit, & jugeant
bien que le gain de la bataille dépendoit de la prife du village
de Lawffeld, y fit marcher fur le champ de nouvelles troupes,
dont les Officiers, qui les commandoient, étoient autant de
Héros ; ce nouveau fecours produifit l'effet qu'en avoit attendu

le Monarque : le combat s'engagea avec plus de chaleur qu'auparavant ; tout se mêle, des ruisseaux de sang coulent de toutes parts ; les François soutenus par la présence de leur Roi, animés par les prodiges de valeur que font à leurs yeux leurs braves Généraux, pressent & enfoncent tout ce qui leur est opposé ; déja l'ennemi sourd à la voix de ses Officiers se débande, abandonne Lawffeld aux vainqueurs, & fuit jusqu'aux dernieres Hayes.

D È S que le Maréchal de *Saxe*, qu'on voyoit presque en même-temps en différens endroits & dans tous les lieux où le péril étoit le plus grand, se fut apperçu du désordre qui regnoit dans la colonne ennemie, ce Général prit les premiers Escadrons qui se présenterent, & s'étant mis à leur tête, il les conduisit en fourageurs sur l'ennemi ; il y jetta une telle confusion, qu'il culbuta la cavalerie jusques sur l'infanterie.

L E Général *Ligonnier*, le désespoir dans le cœur, tenta plusieurs fois de s'opposer à la fureur des coups qui l'accabloient ; mais, quelques efforts qu'il fit, il trouvoit par-tout, ou le Roi des François, ou ses Généraux qui lui présentoient un front redoutable, contre lequel toute sa résistance vint échoüer.

L E Comte d'*Estrées*, qui avoit poussé sur un des flancs du Général *Ligonnier* deux Escadrons de Carabiniers, se porta à la brigade d'Anjou pour charger par l'autre flanc ; il tomba avec un acharnement si violent, sur des Escadrons Hessois, qu'il les mit dans l'impossibilité de se rallier.

P E N D A N T ces glorieuses opérations, le Marquis d'*Armentieres* qui s'étoit apperçu que la cavalerie Angloise cherchoit à joindre la Hessoise, marcha droit à elle & en fit un carnage horrible ; le régiment du Duc de *Cumberland* & ses Dragons gris, resterent presque tous sur la place : le Général *Ligonnier* en tachant de s'échapper, tomba dans les deux Escadrons de Carabiniers, qui étoient sur un de ses flancs, & fut fait prisonnier.

L E R O I, qui voyoit le désordre & l'horreur regner ensemble

dans

dans l'aîle gauche des ennemis, qui cherchoient leur falut dans fuite, chargea le Comte de *Clermont* de les pourfuivre le plus loin qu'il pourroit ; ce Prince exécuta les ordres de fon Roi, avec une valeur êxtrême, & le foldat effrayé fit bien voir que dans une déroute, il ne craint que l'ennemi & la mort.

TANDIS que toutes ces chofes fe paffoient ; le ROI fit attaquer l'aîle droite de l'ennemi, qui étoit compofée des troupes de la Reine de Hongrie, qui jufques-là n'avoient prifes aucune part à l'action.

LE Maréchal de *Saxe*, à la tête des brigades d'infanterie que commandoit le Marquis de *Senneéterre*, & qui n'avoient point encore donnés, porta les premiers coups ; les foldats, encouragés par l'exemple de ce grand Général, fuivirent avec intrépidité le chemin qu'il leur avoit ouvert, & répandirent par-toût la terreur & l'effroi : l'ennemi ne tint pas long-temps contre ces généreux guerriers, convaincu qu'il ne pouvoit oppofer qu'une vaine réfiftance aux efforts meurtriers d'un Héros couronné, il réfolût de prévenir, par une retraite précipitée, les fuites facheufes d'un plus long combat.

LE Comte de *Clermont Tonnerre* & le Marquis de *Gallerande*, pourfuivirent les ennemis affez loin & firent un carnage affreux de tout ce qu'ils atteignirent ; la vivacité de leurs pourfuites ne fe feroit pas bornée-là, fi les forces de l'infanterie qu'ils conduifoient euffent répondû à l'ardeur de ces Généraux ; mais le foldat épuifé de fatigues, les obligea d'abandonner l'ennemi.

CETTE grande journée finie, toutes les troupes coucherent dans la pofition où la nuit les trouva ; la plus grande partie la paffa entre Montpertin & le village de Heeff ; le refte fe tint entre Lawffeld & Kiftel.

LE ROI, couvert de la nouvelle gloire qu'il venoit d'acquérir, fe rendit avec le Maréchal de *Saxe* à la Commanderie, où le Duc de *Cumberland* avoit eû fon quartier, & ils y pafferent la nuit. *

---

* CETTE bataille fe donna le 2 Juillet 1747. La perte des François fut évaluée à | fix mille hommes tant tués que bleffés, & celle des ennemis à dix mille ; on leur fit

douze cens prisonniers dans le village de Lawffeld & plus de neuf cens dans la poursuite, du nombre desquels furent, le Général *Ligonnier*, Milord *Robert Sewton* & le fils du Milord d'*Albermale* : on leur prit aussi vingt-neuf piéces de canon, deux paires de Timbales, neuf Drapeaux & sept Etendarts ; les troupes Françoises se couvrirent de gloire, on peut méme à juste titre appeller l'attaque du village de Lawffeld qui dura plus de deux heures, le triomphe de l'Infanterie Françoise, qui y donna des marques d'une valeur incroyable & digne des plus grands éloges ; mais ce qu'on n'oubliera jamais, c'est que le Roi, M. le Maréchal de *Saxe* & M. le Comte de Clermont furent long-temps au milieu du feu le plus vif.

Les François perdirent sur le champ de bataille, M. le Comte de *Baviere*, Lieutenant Général, MM. Marquis & de *Derlack* Brigadiers, & MM. d'*Autichamp* & d'*Aubeterre* ; M. le Marquis de *Froulay* Maréchal de camp, & M. de *Dillon* Colonel, moururent quelques jours après de leurs blessures.

Messieurs, le Comte de *Lautrec* Lieutenant Général, de *Guerchy* & de *Crequy*, Maréchaux de camp, de *Balleroi*, le Chevalier de *Dreux*, de la *Tour Dupin*, le Chevalier de la *Marck*, de *Cernay*, de la *Valette* & de *Bellefond* Brigadiers, & de *Bonnac*, de *Segur*, de *Fénélon* & de *Rochambault*, Colonels, furent blessés à cette bataille.

SIEGE DE BERG-OP-ZOOM
emportée d'assaut le 16. Septemb.
1747.

CHAPITRE QUATRIEME.

Siége de BERGOPZOOM.

LEs derniers avantages, que les François venoient de remporter, les conduisirent à des succès encore plus glorieux ; la victoire, peu contente de les avoir couronnés dans le champ de Lawffeld, leur prépara de nouveaux lauriers sur les remparts de Bergopzoom. (*a*)

LE Comte de *Lowendal* fut chargé du siége de cette importante place ; accoutumé à passer de conquête en conquête, & plein de cette noble confiance que donne un courage inébranlable, il ne craignit point d'attaquer des murs qui avoient résisté tant de fois aux horreurs de la guerre.

CE Héros, à la tête de vingt-deux bataillons, de dix escadrons de Dragons & des Kermelecks, porta ses pas vers les Tours redoutables de Bergopzoom, & parut bien-tôt devant elles, avec cette fiere audace qui fit si souvent trembler l'ennemi. (*b*)

LE Comte de *Lowendal*, persuadé, par la longue expérience qu'il avoit faite, que le succès des armes dépendoit presqu'autant de l'exécution & de la valeur du soldat, que de la prudence & de l'intrépidité du Général, n'oublia rien de cette douce familiarité, qui donnant du courage même aux plus timides, sçait faire passer dans les cœurs les moins susceptibles de gloire, tous les sentimens d'un conquérant : les exhortations qu'il fit, le feu qui brilloit dans ses yeux, la connoissance qu'on

(*a*) BERGOPZOOM, ville des Pays-bas dans le Brabant Hollandois, dans le Marquisat de même nom ; elle est petite, mais très-jolie, & l'une des plus fortes places des Pays-bas, tant à cause de ses fortifications, qu'à cause des marais qui l'environnent. Le Prince de Parme l'assiégea inutilement en 1581, & le Marquis de Spinola fut obligé d'en lever le siége en 1622, après une perte de plus de dix mille hommes ; elle est sur un canal proche l'Escaut, à six lieuës & demie d'Anvers, & huit & demie de Breda.

(*b*) INVESTISSEMENT de Bergopzoom, le 12 Juillet 1747.

avoit de fa valeur & de fa capacité, firent la plus vive impref-
fion fur tous les foldats, & il n'y en eût pas un qui ne protef-
tât hautement d'exécuter au dépens de fa vie, les ordres qu'il
recevroit.

CETTE généreufe ardeur ne tarda pas long-temps à éclater;
le Comte de *Lowendal* en donna bien-tôt l'occafion ; ayant ap-
puyé fa droite à l'Efcaut, & fa gauche à la Zoom, il fit ouvrir
la tranchée devant la place. (*c*)

DE toutes les fortes d'attaques, que l'art militaire & la
fcience funefte de la guerre avoient inventés pour prendre des
villes, on va voir que le Comte de *Lowendal* n'en omit aucu-
ne ; tranchées, redoutes, cavaliers, fappes, mines, efcalades,
batteries multipliées & placées en différens endroits, affaults re-
nouvellés tous les jours ; tout fut mis en ufage ; jamais fiége ne
fut plus difficile & mieux conduit.

LA tranchée ouverte, les affiégeans firent des efforts fi ex-
traordinaires, que dès les premiers jours ils pouflerent leurs tra-
vaux jufqu'à quatre-vingt toifes du chemin couvert ; encoura-
gés par ce progrès rapide d'opérations, ils s'abandonnerent,
avec une réfolution fi déterminée, au milieu des plus grands
dangers, qu'ils mirent en fort peu de temps cinquante piéces
de canon & vingt-quatre mortiers en état de porter le tonnerre
fur l'ennemi.

LE feu qui partit de ces bouches meurtrieres, fut vif &
continuel ; les affiegés devinrent plus furieux ; ils tenterent en
vain d'en rallentir l'impétuofité : le Comte de *Lowendal*, élevé
pour ainfi dire dans les horreurs de la guerre, & accoutumé aux
périls, regarda d'un œil fier & tranquille les efforts qu'on op-
pofoit à fa vaillance, & les rendit bien-tôt inutils.

MALGRÉ le feu violent des ennemis, malgré la chaleur excef-
five qu'il faifoit alors, les travaux n'en avancerent pas avec moins
de rapidité ; la perfection d'une troifiéme parallele avec fes com-
munications, & la conftruction d'une nouvelle batterie à huit

(*c*) OUVERTURE de la tranchée la nuit du 14 au 15 Juillet.

embrafures,

embrasures, pour battre le port & les ouvrages de la droite, ne couterent qu'un jour.

L E S opérations du siége en étoient là, lorsque le Duc de *Chevreuse*, après avoir passé la Zoom avec deux brigades d'infanterie & une de dragons, vint camper devant le fort Rowers.

L E Comte de *Lowendal*, toujours attentif à tous les mouvemens, ordonna l'attaque de ce fort ; (*d*) il fit ouvrir deux boyaux qu'on joignit par une parallele, & fit construire en même-temps une batterie de huit piéces de canon sur la droite, & une de quatre sur la gauche.

C E T T E nouvelle entreprise peignit à l'ennemi le carnage & la mort avec toutes leurs horreurs ; ces images cependant, loin de diminuer son courage en augmenterent au contraire l'intrépidité, il opposa aux efforts des assiégeans un feu épouvantable, mais sa violence, quelque grande qu'elle fût, ne pût rien contre des Héros qui, se pressant à l'envie d'occuper les postes les plus périlleux, la bravoient avec autant de fierté que s'ils eussent été invulnérables.

L E S échecs journaliers que reçurent les assiégés, exciterent de plus en plus l'ardeur des François ; ils prolongerent, avec la plus grande activité, les zigzags de l'attaque de la Place sur les capitales du bastion & de la demi-lune du centre, & pousserent les sappes jusqu'à quinze toises des angles saillans : le Comte de *Lowendal* fit ensuite commencer, aux extrémités des zigzags qui partoient de la troisiéme parallele, plusieurs boyaux destinés à en former une quatriéme.

T O U S ces travaux se conduisirent heureusement, mais malgré le grand nombre d'obstacles qu'on rompoit tous les jours, il en naissoit sans cesse de nouveaux à surmonter ; cette multiplicité de difficultés ne rebuta point le courage des soldats, ils continuerent avec le-même empressement les zigzags de la gauche dirigés sur les ouvrages construits sur la droite du camp retranché, & après qu'ils eurent établi une batterie de quatre piéces de canon,

(*d*) L A tranchée fut ouverte devant le | 1747.
fort Rowers, la nuit du 24 au 25 Juillet |

au centre de la feconde parallele , pour battre ce camp à rico-
chet , ils attacherent le mineur fur les capitales des deux baf-
tions de la demi-lune du front de l'attaque , enfuite , ils tirerent
des deux batteries établies contre le fort Rowers , tant contre
ce fort que fur le camp des ennemis , que le feu de notre artil-
lerie avoit fait retirer vers l'Efcaut.

DE jour en jour , le fiége devint de plus en plus meurtrier ,
les François ne donnerent pas un inftant de relâche aux affié-
gés ; ils fe porterent , avec tant de fureur , par-tout où les ordres
& l'exemple de leur Général les entrainoient , qu'ils joignirent
en peu de temps les boyaux commencés de droite & de gauche
qui formerent une quatriéme parallele , fur laquelle on éleva trois
cavaliers de tranchée.

CETTE opération fut fuivie d'une autre également effentiel-
le ; le Comte de *Lowendal* , fit faire du côté de la Mer , à l'ex-
trémité des zigzags de la gauche , un boyau de quarante toifes
embraffant l'ouvrage qui couvroit la droite du camp retranché ,
& ordonna l'établiffement d'une batterie de fix mortiers dans le
boyau de la droite , vis-à-vis du baftion de l'attaque.

CES travaux achevés , les affiégeans fe porterent fur la droite
de la quatriéme parallele , ils y travaillerent à quatre traverfes
tournantes dans une partie qui étoit enfilée par le chemin cou-
vert , & ils déboucherent de cette parallele à la tête des trois
fappes.

CE fuccès donna lieu à de nouvelles entreprifes , on travailla
fans perdre de temps à la conftruction de trois nouveaux cavaliers
de tranchée , l'un à droite de la fappe du centre , les deux autres
à droite & à gauche de la capitale de la lunette , qui étoit entre
le baftion gauche & la demi-lune.

CET ouvrage perfectionné , la droite ne fe trouva éloignée du
faillant du chemin couvert que de douze toifes , le centre de
neuf , & la gauche de quatre.

TEL étoit le progrès des travaux , lorfque les mineurs firent
informer le Comte de *Lowendal* qu'ils entendoient travailler au-
deffous d'eux ; ce grand Capitaine , que la difficulté des circonf-

tances ne trouva jamais fans reſſources, prit les meſures que méritoit cette nouvelle découverte, il fit jouer une mine ſous la capitale du baſtion gauche dont on couronna dans le même inſtant l'entonnoir ; le ſuccès en fut heureux.

QUELQUES efforts conduiſirent encore à de plus grands avantages ; M. de *Lowendal*, ayant reconnu le progrès des mines & des ouvrages de la tranchée, jugea qu'il étoit temps de déloger les ennemis du chemin couvert, il donna des ordres pour cette entrepriſe ; dix compagnies de Grenadiers, précédées de huit mineurs & d'un pareil nombre d'ouvriers, arracherent les ſauciſſons des mines, avec cette intrépidité qui ne connoît aucun danger & ſe logerent ſur les cinq ſaillans. (*e*)

CETTE expédition, quelque hardie qu'elle fût, coûta peu aux François ; trois mines que les ennemis firent ſauter enſuite ne firent aucun mal.

CET enchaînement d'heureux & prompts ſuccès, en rendant de jour en jour les aſſiégeans plus entreprenans, les rendoit auſſi de plus en plus redoutables, rien ne tenoit contre leurs efforts ; déja, malgré le feu terrible des aſſiégés, les François s'étoient logés dans la place d'armes du ſaillant au baſtion gauche & avoient établi une batterie de mortiers à la gauche de la quatriéme parallele & une autre à la droite de la troiſiéme, lorſqu'ils firent jouer une mine, à la droite du ſaillant gauche, qui entama la gallerie majeure des ennemis & qui leur cauſa une perte conſidérable.

LES aſſiégés répondirent par deux mines qu'ils firent ſauter, entre le ſaillant du baſtion gauche & la lunette gauche ; ils y joignirent le feu de toute leur artillerie & firent en même-temps une ſortie de quatre cens hommes (*f*) qui déboucherent par les paliſſades à la gauche du front de l'attaque : l'ennemi éprouva bien-tôt, qu'on ne fit jamais de mouvemens ſans péril, devant un Général auſſi habile que l'étoit le Comte de *Lowendal* ; ce Héros fit marcher la premiere compagnie de ſon régiment, &

(*e*) CE fut pendant la nuit du 5 au 6   (*f*) La nuit du 7 au 8 Août 1747.
Aoû: 1747.

une de celui de Chabrillant, la bayonnette au bout du fusil, qui culbuterent & pourfuivirent avec violence, jufqu'au réduit de la gauche, tout ce qui s'oppofa à leur fureur.

Les ennemis irrités du peu de fuccès de cette fortie, en hazarderent une autre, avec un détachement confidérable ; cette effai de générofité ne leur réuffit pas mieux : le détachement qui s'étoit avancé fi fierement fe vît bien-tôt obligé de fe fouftraire à la vivacité du feu des François.

De ces triomphes multipliés, le Comte de *Lowendal* paffa à de nouvelles entreprifes ; on fe logea par fes ordres dans la place d'armes, le mineur y fut attaché fur le champ & les bombes qu'on envoya aux ennemis firent fauter un magafin à poudre dans le baftion Pucelle. (*g*)

Les affiégés éprouvant chaque jour de nouvelles pertes, faifoient fucceffivement de nouvelles tentatives pour s'en venger; pleins de cette animofité qui fe rencontre entre des troupes étrangeres qui veulent s'emparer d'un Pays & des Habitans qui défendent leurs maifons, leurs terres, leurs femmes & leurs enfans, motifs bien puiffans pour encourager les Peuples mêmes les moins guerriers, ils firent fauter une mine, fous le logement des François, qui leur enleva quelques grenadiers ; peu de temps après, ils en firent fauter une autre, fur la droite du faillant de la demi-lune, & pousferent leurs efforts contre le logement qui venoit d'être établi ; fi l'attaque fut vive & preffante, la défenfe fut encore plus courageufe ; les affiégés furent obligés de reculer, on fe logea dans les entonnoirs des dernieres mines que les ennemis avoient fait fauter la veille ; la communication au couronnement de la droite fut perfectionnée & l'entrée des logemens de la gauche fut réparée ainfi que le dérangement que le feu des affiégés avoit fait à la tête des fappes.

Ces réparations mirent les affiégeans à portée de conftruire, à la gauche de la quatriéme parallele une batterie de fix obus & une autre de cinq mortiers à la droite ; cet ouvrage fut auffi

(*g*) Ce fut le 8 Août cinq heures du matin.

heureufement

heureufement exécuté que ceux qui l'avoient précédé ; les bom,
bes mirent le feu à deux magafins des ennemis , l'un rempli de
grenades & l'autre de poudre ; cet accident ne diminua rien du fol
efpoir de vaincre , dont les affiégés s'enivroient tous les jours ,
malgré les échecs qu'ils recevoient continuellement ; le village
de Vooult dont les affiégeans s'étoient emparés, comme d'un
pofte très-avantageux , & qu'ils avoient retranché avec beaucoup
de foins , parût mériter l'attention des ennemis , qui réfolurent
auffi-tôt de l'attaquer ; (*h*) l'entreprife ne fut pas heureufe , elle
leur coûta bien du monde , ce fut le cruel avantage qu'ils en
tirerent.

Ce malheureux évenement ayant totalement détruit le projet
que les affiégés avoient formé , d'engager après l'enlevement de
ce pofte , une affaire générale , ils fe retirerent.

Tant de travaux perfectionnés , tant d'avantages rempor-
tés , tant d'obftacles furmontés ne furent l'ouvrage que d'un
mois ; les fatigues que les François avoient effuyées pendant ce
temps , les dangers paffés , ceux qu'ils couroient encore , & qui
naiffoient tous les jours , loin de rallentir leur zele & leur cou-
rage , les rendirent au contraire plus déterminés.

Le Comte de *Lowendal* , autour duquel l'horreur & la mort
voloient de toutes parts fans l'étonner , fe porta , avec fon intré-
pidité ordinaire , à la tranchée pour voir l'effet de plufieurs mines
qu'on venoit de faire fauter.

Ce grand Capitaine , inébranlable au milieu du feu , ayant
tout examiné avec des yeux tranquilles & affurés , ordonna fur
le champ à foixante volontaires de déboucher avec quatre mi-
neurs & fix ouvriers & de monter à l'ouvrage ; l'expérience la
plus confommée dicta les ordres qu'il donna ; le fuccès qui les
fuivit fera un monument éternel de la prudence de ce Général.

Les affiégeans gagnoient tous les jours du terrein ; les volon-
taires étoient même déja defcendus dans le foffé de la demi-lune,
pénétroient dans la gallerie majeure , fouilloient les mines ,
tuoient les mineurs , arrachoient les fauciffons , brifoient les por-

(*h*) Le 10 Août 1747.

tes & touchoient le pied du réduit, lorfque les bombes qui fécondoient ces généreux efforts, mirent le feu (*i*) à un magafin de grenades que les ennemis avoient dans le baftion gauche ; deux mines que les François firent auffi fauter, l'une fur la contrefcarpe de la demi-lune, l'autre fur le terre-plein de la lunette, accélérerent encore la vivacité des travaux.

CES opérations furent fuivies d'une autre qui ne fut pas moins heureufe ; le logement de la face gauche de cette lunette, & celui de la contrefcarpe de la demi-lune furent prolongés, & l'on commença l'établiffement des batteries deftinées à battre en brêche.

LES mines que les affiégeans avoient fait jouer, ayant renverfé environ fept toifes de la contrefcarpe, vis-à-vis de la face gauche de la demi-lune, on travailla fans perdre de temps à une communication, qui, partant de la quatriéme parallele, s'étendoit jufqu'au couronnement du chemin couvert de la face droite de la lunette droite, & le logement de la contrefcarpe de la fappe du baftion droit, fut pouffé jufqu'à la traverfe de cette lunette.

TANDIS que les François travailloient avec cette ardeur incroyable, que ni la grandeur du péril, ni les difficultés qu'ils rencontroient ne pouvoient arrêter ; le Comte de *Lowendal*, toujours attentifs à profiter de ces momens heureux qui décident ordinairement des plus grands fuccès, fit jouer trois mines en même-temps, l'une, à l'extrémité de la face gauche de la lunette droite, l'autre, fur le réduit de la lunette gauche & la troifiéme fur le prolongement de la face gauche de la demi-lune ; cette derniere détruifit entiérement ce qui reftoit de la contrefcarpe dans cette partie.

IL n'en fallut pas d'avantage, pour déterminer les affiégeans à commencer la defcente du foffé, à l'angle rentrant, entre la demi-lune & la lunette gauche ; cette opération fut prefqu'auffitôt exécutée qu'entreprife.

SI les fuccès des François fe multiplioient tous les jours, les

(*i*) PENDANT la nuit du 25 au 26 | Août 1747.

horreurs de la guerre croiſſoient à proportion ; les aſſiégeans, à travers les ruines que cauſoit l'artillerie des ennemis, faiſoient les plus grands efforts pour ſe maintenir & pratiquer des loge-mens dans les poſtes dont ils s'étoient rendus maîtres ; les aſſié-gés, de leur côté employoient toutes leurs forces pour les empê-cher de s'y établir : les batteries des uns répondoient à celles des autres, par un feu ſi terrible & ſi continuel, que Bergopzoom & ſes environs paroiſſoient un Volcan & un autre Mont-Etna.

MALGRÉ ce tonnerre épouventable, le Comte de *Lowendal*, à la tête des Héros qui voloient à la gloire ſur ſes traces, ſe pré-cipitoit avec un courage ſi déterminé par-tout où ſa préſence étoit néceſſaire, que pendant tout le ſiége, les aſſiégés n'eurent pas une ſeule fois la ſatisfaction de remporter le moindre avanta-ge, ils furent conſtamment malheureux.

DÉJA, les mineurs François avoient percé la gallerie dans la partie de la droite & en avoient chaſſé ceux des ennemis, quand les aſſiégés s'apperçurent que l'on débouchoit de la parallele de l'extrémité de la face gauche par un boyau de vingt-ſept toiſes qui fermoit entiérement la droite du camp retranché ; ils firent encore de nouveaux eſſais de valeur, qui vinrent échouer comme les autres contre la vaillance des troupes Françoiſes.

PENDANT que le Comte de *Lowendal* portoit par-tout la terreur & l'effroi, le Chevalier de *Courten*, à la tête de la bri-gade de la Cour au Chantre, de deux bataillons de Grenadiers Royaux & de deux brigades de cavalerie, vint joindre ce Géné-ral devant les murs de Bergopzoom.

CES troupes, plus conſidérables encore par le choix & la valeur des ſoldats que par leur nombre, ne tarderent pas long-temps à ſe ſignaler, elles augmenterent le trouble des aſſiégés & ne contribuerent pas peu à leur défaite.

CINQ mines, que le Comte de *Lowendal* avoit fait pratiquer ſur la contreſcarpe de la face droite du baſtion droit, renver-ſerent toute cette contreſcarpe, & aſſurerent par-là l'établiſſe-ment de toutes les batteries de brêche.

Q q ij

C E nouvel avantage rendit les afliégés plus furieux ; le cou-
rage croît fouvent par la certitude de ne point échapper à fes
ennemis , & la vuë d'un péril inévitable en fait quelquefois perdre
la crainte.

L A garnifon fit pleuvoir une grêle de bombes & de grenades
fur les afliégeans ; ce feu violent & meurtrier , ne les empêcha pas
de faire fur la brêche de l'angle de la lunette droite un logement ,
un peu en avant du premier avec une banquette , pour chaffer
totalement du terre-plein , l'ennemi qui vouloit encore s'y main-
tenir : tous les obftacles qu'on effaya d'apporter aux travaux des
François devinrent impuiffans ; ils réparerent en fort peu de temps
les débouchés & les communications.

A peine ce dernier ouvrage fut-il fini , que deux batteries de
huit mortiers , placécs dans la cinquiéme parallele , commen-
cerent à battre la demi-lune ; elles furent fécondées par cinq au-
tres de brêche qui ne cefferent point , dès ce moment , de tirer
contre la place.

L E Comte de *Lowendal* étoit fi jufte dans fes vuës & fi bien
fervi , pour l'exécution de fes ordres , que tout réuffifoit au gré
de fes défirs ; les defcentes des foffés fe continuoient heureufement
& tout annonçoit une victoire prochaine.

M A L G R É l'horreur & le tumulte que les François portoient
par-tout , l'ennemi n'en fût point découragé ; toujours repouffé
il revenoit fans ceffe à la charge , rien ne rebutoit fa valeur ; tout
furieux encore du dernier échec qu'il venoit d'effuyer , il attaqua
l'entonnoir du baftion droit ; cette attaque tourna comme toutes
les autres à la gloire des afliégeans.

U N E heureufe découverte fuivit de près ce dernier triomphe ;
les mineurs , qui avoient été attachés à la lunette droite , ayant
trouvés une gallerie & l'ayant percée , couperent le fauciffon
d'une mine toute prête à jouer & fe trouverent en état , fans rien
craindre pour la batterie de la droite , de pouffer plus loin leurs
travaux fous le réduit.

B I E N T O T , le mur fut ouvert dans tous les endroits où

l'on

l'on battoit en brêche , & la batterie de la droite , fut mife à
couvert du feu qui partoit des ouvrages collatéraux ; cette batte-
rie continua toujours de tirer avec beaucoup de fuccès , les brê-
ches s'aggrandirent & devinrent praticables.

L E S afliégés , en perdant l'efpérance de vaincre , ne perdoient
rien de leur intrépidité ; ils démafquerent de nouvelles batteries ,
dans les ouvrages collatéraux de la gauche , qui , fans rallentir le
feu des afliégeans , ne laifferent pas de les incommoder beaucoup :
une tentative que fit l'ennemi contre la gauche & le centre , ne
lui procura rien d'avantageux : deux mines qu'ils firent fauter
quelques heures après , l'une à la droite , l'autre fous le réduit ,
ne retarderent point leur défaite : les François fe logerent dans
l'entonnoir de la premiere , la feconde , combla la moitié du ré-
duit & les afliégés perdirent dès-lors toute efpérance de pouvoir
y revenir : les François firent enfuite un logement dans ce réduit,
pour plonger dans le foffé , & travaillerent en même-temps à
écréter toutes les brêches , & à perfectionner les débouchés , par
lefquels on pourroit y arriver.

T O U T E S ces difpofitions , conduifirent à ce jour fameux ,
qui alloit couronner l'entreprife la plus difficile qu'on ait jamais
tenté : quatorze compagnies de Grenadiers , treize bataillons,
cent volontaires & neuf cens travailleurs , attendoient dès la veil-
le, au dépôt de la tranchée , l'aurore du jour le plus glorieux qui
ait jufqu'alors éclairé conquérant.

L E S premiers bataillons des régimens de Normandie , de
Montboiflier , d'Eu , de Montmorin , des Vaifleaux & de Beau-
voifis , & fix compagnies de Grenadiers auxiliaires , fous les or-
dres de M. de *Faucon* brigadier & de M. de Sainte *Afrique* , Lieu-
tenant colonel , furent choifis pour l'attaque du baftion droit.
M. de *Tondu* , brigadier & M. de *Piath* , Lieutenant colonel ,
à la tête des premiers bataillons des régimens, Royal de Tou-
raine , de Cuftine , de Limofin , d'Orléans & de Rochefort , &
de fix compagnies de Grenadiers auxiliaires furent chargés d'at-
taquer le baftion de la gauche : l'attaque de la demi-lune fut

confiée à M. de *Courbuiſſon*, brigadier, qui avoit à ſes ordres le premier bataillon du régiment Dauphin, avec quatre compagnies de Grenadiers & cent volontaires.

Toutes ces troupes, qui furent commandées par le Comte de *Relingue*, Maréchal de camp, débboucherent au ſignal qui fut donné, par deux ſalves de tous les mortiers, & par de longues fuſées, & les trois attaques commencerent en même-temps. (*k*)

Les ſoldats, guidés par un Héros à qui rien ne réſiſtoit, enfoncerent tout ce qui s'oppoſa à leur paſſage ; ils forcerent, avec un courage inexprimable, les retranchemens que les ennemis avoient faits dans les baſtions & ſur la demi-lune, & ſe mirent en bataille ſur chaque baſtion & ſur le rempart, à droite & à gauche : le carnage qu'ils firent, s'étendit indiſtinctement, ſur tous ceux qui défendoient la demi-lune ; aucun officier ni ſoldat n'échappa à la fureur des volontaires & des grenadiers, qui, s'étant emparés de la caponiere & de la communication, enleverent tout eſpoir de ſalut à l'ennemi en lui coupant toute retraite.

L'horreur & la mort, qui n'avoient pas ceſſés, depuis le commencement du ſiége, d'exercer un cruel empire ſur les aſſiégés, ſe multiplioient à chaque moment ; l'ennemi eut beau ſe roidir contre les dangers & rappeller toute ſa valeur, il ne pût empêcher les aſſiégeans de s'emparer des deux portes du côté d'Anvers & de Bréda : les François, maîtres de la ville, taillerent en piéces & diſperſerent tout ce qu'ils rencontrerent dans les ruës ; ceux qui ne voulurent pas rendre les armes, payerent cher leur témérité ; ils périrent tous ſous le glaive des vainqueurs.

Cet exemple intimida le reſte de la garniſon, qui ſe rendit pour prévenir un pareil ſort ; M. de *Lugeac*, colonel du régiment de Beauvoiſis, força le Commandant du fort de Zeude à ſe rendre à diſcrétion, & le Marquis de *Cuſtine*, à la tête du corps de troupes qu'il commandoit, & qui avoit contenu pendant

____

(*k*) Le 16 Septembre quatre heures ¼ & demie du matin.

l'attaque, les forts de Mormont, de l'infen & de Roowers, les foumit tous au pouvoir des François aussi-tôt que la ville fut prise.

TELLE fut l'issue d'un siége à jamais mémorable, par la multiplicité des obstacles qu'il fallut surmonter ; Bergopzoom fubit la Loi rigoureuse imposée aux villes prises d'assaut ; le pillage fut le dernier de ses malheurs. *

AUSSI-TOST que le ROI eut reçu la nouvelle de la conquête de Bergopzoom, SA MAJESTÉ honora la valeur du Comte de *Lowendal* du bâton de Maréchal de France.

LE Maréchal de *Lowendal*, après avoir triomphé de toutes les forces de la nature & de l'art par la conquête d'une place devant laquelle avoient échoués le Prince de Parme & le Marquis de Spinola, ces Héros de leur siécle, réduisit bien - tôt les forts Fréderick Henry & de l'Illo, (*l*) sous la domination de la France.

CES places avoient été bloquées dès le commencement du siége de Bergopzoom ; M. de *Lowendal* avoit eu la précaution d'en saisir toutes les avenuës & de barrer le passage de l'Escaut par une batterie de douze piéces de canon, qu'il avoit fait placer sur la digue, près le moulin de Doël : à ces soins si dignes de ce grand Capitaine, M. de l'*Alli*, brigadier, joignit tout ce que l'expérience la plus consommée & le courage le plus intrépide

---

* IL se fit pendant le siége de Bergopzoom des prodiges de valeur de part & d'autre ; cette Place fut investie d'un seul côté, libre de celui de la Mer & défendue par un camp retranché commandé par le Prince de *Saxe Hildburghausen* qui pouvoit sans cesse rafraichir la garnison, ce fit acheter bien cher sa conquête : mais elle céda enfin à l'habilité du Général François qui après deux mois de travaux parvint à l'emporter d'assaut le 16 Septembre 1747. Cette journée coûta aux ennemis, tant tués que blessés & faits prisonniers, cinq mille hommes, & les François perdirent quatre cens hommes tués ou blessés. On trouva dans la Ville plus de deux cens bouches à feu & on

s'empara de dix-sept Bâtimens qui étoient dans le Port chargés de toutes especes de provisions : les troupes ennemies qui campoient dans les lignes, les abandonnerent avec tant de précipitation, que la plûpart y laisserent leurs armes, leurs tentes & leurs bagages ; on trouva même dans le camp les équipages des Généraux & les caisses militaires de différens régimens, ce qui rendit le butin des soldats très-considérable.

(*l*) LILLO, Fort des Pays-bas Hollandois, sur l'Escaut, à trois lieuës d'Anvers ; les Habitans d'Anvers le bâtitent en 1584. Les Espagnols furent obligés d'en lever le siége en 1688.

pouvoient produire de plus heureux, il vint camper à Béren-
trecht, à la tête de deux bataillons & de quatre cent volon-
taires, dix jours après la fameufe expédition de Bergopzoom;
fes premieres démarches, avant d'oûvrir la fcêne devant le fort
Fréderick Henry, furent de fommer l'ennemi de fe rendre; le
Commandant de la place, qu'une confiance téméraire aveugloit,
trouva des prétextes pour ne pas accepter cette propofition; fon
refus lui coûta la vie, on ouvrit la tranchée & il fut emporté dès
le troifiéme coup de canon, (*m*) qui partit de la batterie qui
étoit à la droite du fort Sluisken.

TANDIS que cette perte répandoit l'allarme parmi les affié-
gés, la batterie qu'on avoit placé fur la digue de Santvliet, rui-
noit le fort Fréderick de fond en comble; les travaux de ce fiége
avancerent avec une rapidité fi étonnante, que M. de l'*Alli*,
après quatre jours de tranchée ouverte, força l'ennemi à ca-
pituler, (*n*) & qu'il fe trouva en état de commencer l'attaque
du fort de l'Illo; (*o*) cette place fut l'affaire de quelques jours,
les affiégés l'abandonnerent (*p*) pour fe retirer au fort la Croix,
qui n'eut pas un fort plus heureux. (*q*)

Convoi attaqué par les Ennemis.

QUOIQU'UN grand cœur fe fuffife à lui-même, & qu'il
n'ait pas befoin d'un feu étranger pour s'exciter aux belles ac-
tions, on peut dire cependant qu'une louange délicate, une
confiance pleine d'eftime, une récompenfe proportionnée au mé-
rite, peuvent beaucoup fur lui; M. *Devaux* donna en cette oc-
cafion des preuves de ce fort afcendant qu'avoient pris fur fon
cœur les grades militaires dont LOUIS XV avoit honoré fa

(*m*) PENDANT la nuit du 28 au 29
Septembre 1747.

(*n*) LE fort Fréderick Henry fe ren-
dit le 2 Octobre 1747. La garnifon com-
pofée de deux cent foixante hommes, fut
faite prifonniere de guerre.

(*o*) LA tranchée fut ouverte devant
l'Illo le 2 Octobre.

(*p*) PENDANT la nuit du 6 au 7
Octobre.

(*q*) LE fort la Croix fe rendit le 8
Octobre, & la garnifon compofée de fept
cent hommes fut faite prifonniere de guer-
re.

valeur;

valeur ; il apprit à l'ennemi étonné ce que peut la prudence fé-
couruë d'un petit nombre de braves foldats contre la valeur im-
pétueufe & qui fe précipite lors-même qu'elle a pour elle le plus
grand nombre des combattans.

MONSIEUR *Devaux*, chargé de conduire de Bergopzoom
à Anvers un convoi confidérable, avec dix piéces de canon, fous
l'efcorte de la brigade de Montboiffier & des volontaires Bré-
tons, dont la quantité prodigieufe de malades laiffoit à peine
trente foldats en état de fe défendre, ayant été attaqué dans la
bruyere, entre Offendrek & le village de Putte, par quinze
cens hommes des troupes légeres des ennemis, cavalerie & in-
fanterie, rendit bientôt inutile la fupériorité qu'on avoit fur lui ;

QUATRE cens Huffards vinrent fondre fur le centre du con-
voi, où étoient foixante volontaires, tandis que les Croates at-
taquerent l'arriere garde ; M. *Devaux* & M. de *Kermeleck* oppo-
ferent une vigoureufe réfiftance à ces deux attaques ; ils firent
éprouver aux ennemis tout ce que peuvent des Héros qui ne crai-
gnent aucuns dangers ; il en fuccomba une grande partie fous
leurs coups, mais M. de *Kermeleck* ne furvécut pas long-temps à
ceux que fon bras redoutable avoit immolés, fa perte rendit les
François encore plus furieux, ils ne tarderent pas à venger fa
mort ; le combat devint plus fanglant, & les ennemis furent re-
pouffés fi vivement, qu'ils ne purent enlever qu'un feul chariot ;
ils feroient, fans doute, revenus plufieurs fois à la charge, fi M.
Devaux n'eût pas eû la fage précaution de faire avancer prompte-
ment deux piéces de canon qui les empécherent de pouvoir rien
entreprendre ; M. *Durouget* qui fe trouva par hafard, fur le che-
min de Santvliet avec cent chevaux des Graffins, fe porta fur ce
convoi & lui fut auffi d'un grand fecours : cette action fut la
derniere de la campagne. *

* C'ÉTOIT le 30 Octobre 1747. Les | François ne perdirent que douze hommes.

CHAPITRE CINQUIEME.

Siége de *MAESTRICHT*.

LOUIS XV que la fortune n'abandonna jamais, parce que ses armes étoient justes & maître de presque toute la Flandre Hollandoise, nourrissoit toujours dans son cœur ces sentimens de paix qu'il avoit fait éclater dès le commencement de la guerre ; il ne cessoit de répéter avec cette voix douce & affable qui caractérise sa bonté, je ne veux rien pour moi, je ne demande la justice que pour mes alliés ; je veux que le commerce des nations soit libre, que chacun jouisse des héritages de ses peres ; pourquoi me force t'on encore à faire la guerre ? le désordre & l'horreur ne regnent-ils pas avec assez d'empire par-tout où l'on a provoqué mes armes ? que ne prévient-on tous les malheurs qui vont suivre ceux sous le poids desquels les ennemis de la France gémissent depuis si long-temps ? quel avantage esperent-ils tirer d'une plus longue résistance ? la valeur doit avoir ses bornes ; elle ne mérite même justement des louanges que lorsqu'on peut se flatter d'un heureux succès ; c'est moins courage qu'une fureur téméraire de se précipiter dans des périls dont on ne peut échapper ; il y a même de l'inhumanité d'y entraîner un peuple innocent sous prétexte de le défendre : tant de murailles rasées, tant de tours abbatues, ces monceaux de cendres dont on est environné ne publient-ils pas assez ma puissance ; les Alliés ne se lasseront-ils donc point d'en multiplier les effets : il est encore tems d'arrêter la foudre ; le même olivier que j'arborois sur le champ de Fontenoy brille encore sur les bastions écrasés de Bergopzoom & de l'Illo : j'offre aujourd'hui tout ce que je proposois dans mes premiers triomphes.

TANT de générosité auroit dû, sans doute, éteindre ce désir de vengeance qui consumoit l'ennemi, mais cet excès de vertu étoit trop peu vraisemblable, il ne persuada pas encore ; le vaincu

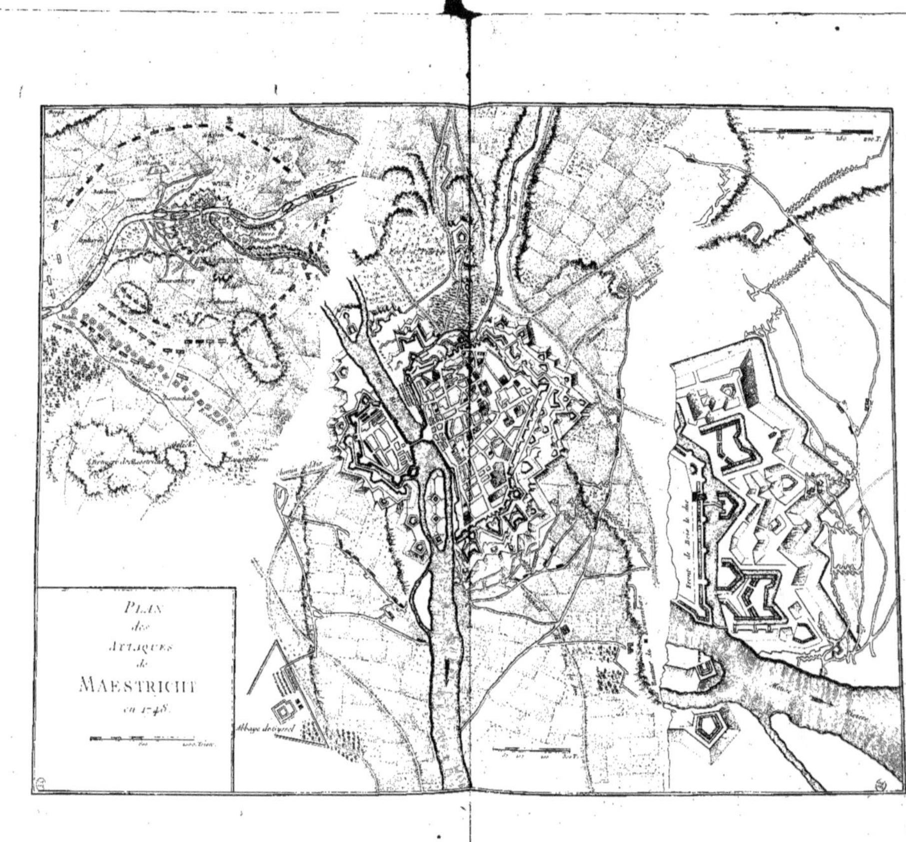

PLAN
des
ATTAQUES
de
MAESTRICHT
en 1748.

aussi obstiné dans sa haine , que le vainqueur étoit constant dans sa clémence , ne voulut point recevoir la Loi de celui seul qui pouvoit l'imposer , il chercha de nouveaux dangers ; il en trouva d'inévitables.

LES bords de la Meuse furent les témoins des derniers malheurs de la République de Hollande ; ce fut sur les remparts de Maestricht (*a*) que se renouvellerent toutes les fureurs de la guerre , & que l'ennemi apprit enfin à respecter les bontés du plus grand des Rois.

LE Maréchal Comte de *Saxe* entreprit le siége de cette Place avec le Maréchal de *Lowendal* ; la vertu , le courage , la fermeté , la prévoyance de ces deux grands Hommes brillerent dans tout leur lustre pendant le cours de cette derniere expédition.

LES militaires versés dans la tactique regarderent le projet de l'investissement de Maestricht & son exécution à la vue d'une puissante armée ennemie , comme une des plus sçavantes opérations dont il soit fait mention dans l'histoire ; ce projet , digne de son Auteur , mérita à M. de *Crémille* , dont les rares talens pour la guerre étoient déja bien connûs , les éloges de toute l'armée , & le Ministre l'appella auprès de lui pour lui donner des marques de sa satisfaction. Le vainqueur de Bergopzoom , après différentes démarches qui cacherent le véritable dessein du Maréchal de *Saxe* , tomba tout d'un coup sur Maestricht , & l'investit par la rive droite de la Meuse , tandis que les troupes qui étoient aux ordres du Maréchal de *Saxe* , l'investirent par la rive gauche de cette riviere. (*b*)

_____

(*a*) MAESTRICHT , ancienne , grande , belle & très-forte Ville des Pays-bas , cédée par l'Espagne aux Provinces unies , par le traité de Munster. La Maison de Ville & les autres Edifices publics sont trèsbeaux. La Ville est gouvernée conjointement par les Etats & par l'Evêché de Liége. Le Prince de Parme la prit en 1579 , & la saccagea. Fréderic Henry Prince d'Orange la reprit sur les Espagnols en 1634. Louis XIV la reprit en 13 jours en 1673. Guillaume III Prince d'Orange fut obligé d'en lever le siége en 1676. Elle fut rendue aux Etats par le traité de Nimegue en 1678. Elle est sur la Meuse qui la sépare de Wick , qui fait comme partie de Maestricht , à cinq lieuës de Liége , vingtdeux de Bruxelles & soixante dix sept de Paris.

(*b*) CETTE Place fut entiérement investie le 13 Avril 1748 , par 143 bataillons & 77 escadrons ; les François avoient

CES premiers pas conduifirent bientôt à des efforts plus féricux ; tout étant difpofé pour l'ouverture de la tranchée, le Maréchal Général établit fon quartier à Hocht, & le Comte de *Lowendal* prit le fien à Opharen, & l'attaque commença. (*c*)

DÈS la premiere nuit, les travaux furent pouffés à deux mille fix cent toifes ; les affiégés ne s'apperçurent du progrès de ces ouvrages que le lendemain qui fut l'époque de leurs premiers coups ; une fortie qu'ils hazarderent alors, jointe au mauvais temps & au feu continuel qu'ils firent, rallentit un peu l'activité des affiégeans ; mais la grandeur de leur courage les mit bientôt au-deffus de tous ces obftacles ; les batteries qui furent établies & qui commencerent dès ce moment à tirer fur la ville, féconderent leurs efforts avec tant d'impétuofité, que la confternation & la crainte fuccéderent à cette premiere audace qu'avoit fait paroître l'ennemi. (*d*)

LE Maréchal de *Saxe*, ce Général étranger naturalifé par tant de victoires, auffi habile que Turenne & encore plus heureux, s'appercevant du défordre qui naiffoit à chaque inftant parmi les affiégés, prit les mefures néceffaires pour rendre inutiles toutes les tentatives que pourroit faire l'armée ennemie pour fecourir Maeftricht, il alla vifiter les bords de la Geule depuis fon embouchure jufqu'à fa fource, il reconnut le champ de bataille, où il fe propofoit de livrer le combat, fi fes ennemis fe déterminoient à l'attaquer, & fit travailler à vingt redoutes de fon invention, deftinées à couvrir le front du camp de la rive gauche de la Meufe.

DE jour en jour les affiégeans remportoient de nouveaux avantages ; ils parvinrent en très-peu de temps à couronner l'angle faillant du chemin couvert, à prolonger le débouché de la

encore outre cela un corps fur la Geule, un autre fur le Demer & un autre fur le Jar & la Meufe ; ces trois corps faifoient enfemble 149 efcadrons & 25 bataillons.

(*c*) OUVERTURE de la tranchée aux deux attaques, la nuit du 15 au 16 Avril.

(*d*) LE 26 Avril, M. de *Beauchamp*, Commandant du fecond bataillon de Lovvendal, fut bleffé d'un boulet de canon à l'épaule.

CET

troifiéme parallele & à combler une efpece d'avant - foffé qu'ils rencontrerent fur la gauche. (*e*)

C E T enchaînement heureux & rapide d'opérations conduifit à d'autres travaux, qui, malgré la difficulté de l'exécution ne couterent que peu de jours; on joignit les trois paralleles afin d'en former une quatriéme, enfuite on continüa le couronnement du chemin couvert, tandis qu'on déboucha de la quatriéme parallele fur l'angle faillant de la flêche de la droite.

P E N D A N T que tous ces ouvrages fe perfectionnoient, les affiégés tenterent plufieurs fois, mais fans fruit, d'en arrêter les progrès; ils furent repouffés autant de fois qu'ils fe préfenterent, & ils ne firent pas une fortie qui n'accélérât leur défaite.

L E Maréchal de *Saxe*, qui ne laiffa jamais échapper de ces momens précieux, qu'on ne retrouve pas toujours quand on les a perdus, vit naître celui qui alloit décider du fort de Maeftricht & le faifit avec ces fages précautions qui affurent les chofes les plus douteufes. Ce grand Général, ayant fait prolonger & perfectionner les logemens des deux faillans, & leur communication avec la quatriéme parallele, ordonna les difpofitions néceffaires pour l'attaque des deux baftions détachés, & fit tout préparer pour celle des deux ouvrages à corne.

C E dernier trait de prévoyance mit Maeftricht aux abois; l'ennemi, accablé fous le poids des armes victorieufes du Maréchal général, demanda une fufpenfion d'armes de deux jours qui lui fut accordée : (*f*) ce délai lui donna le tems de faire de triftes réflexions fur le malheur où fa témérité l'avoit plongé; les foldats tous tremblans fe communiquoient leur frayeur réciproque, & les Généraux, ne trouvant plus de reffources que dans

---

(*e*) M O N S I E U R le Marquis de *Biffy*, Lieutenant Général de tranchée, s'étant porté le 29 Avril fur les quatre heures après midi à la tête de la fappe, y eut une jambe fracaffée d'un éclat de bombe, dont il mourut peu de jours après; les difpofitions que cet Officier général avoit faites avant fa bleffure, furent fuivies, & leur fuccès fit l'éloge des talens qu'il avoit pour la guerre.

(*f*) L E 3 Mai 1748 après midi; cette fufpenfion d'armes fut accordée avec d'autant plus de facilité, que M. le Maréchal de *Saxe* venoit d'être informé que les préliminaires de paix avoient été fignés le 30 Avril à Aix la Chapelle.

la clémence du vainqueur, arborerent le drapeau blanc (g) & demanderent à capituler.

MAESTRICHT foumis au pouvoir de la France, les ennemis reconnurent enfin leur foiblesse ; il ne leur resta plus qu'à demander cette même paix qu'ils avoient tant rejettée ; il fallut hasarder cette démarche, & ils s'y résolurent, sans doute, parce qu'ils penserent que leur salut en dépendoit. Ils craignirent à la vérité que Louis XV ne cessât d'être si facile, mais son excès de générosité rassura bien-tôt ces ennemis trop heureux ; ils voulurent la paix, c'en fut assez ; leurs refus orgueilleux furent oubliés, on la leur offrit encore aux mêmes conditions qu'on leur avoit proposées dans leurs premiers désastres ; & les trophécs les plus éclatans, les victoires les plus signalées, ni les conquêtes les plus brillantes, ne purent y occasionner le moindre change-ment SA MAJESTÉ fit répondre aux ennemis de la France

---

(g) LE 6 Mai 1748, par la capitulation, signée le lendemain, il fut convenu que la garnison sortiroit avec tous les honneurs de la guerre. Cette garnison consistoit en 12 bataillons Autrichiens, sept Hollandois, quatre Bavarois & six cent soixante chevaux ; les troupes de la Reine de Hongrie furent conduites à Venlo, & celles des Etats Généraux des Provinces Unies à Bois-le-Duc ; il fut permis aux premieres d'emmener avec elles huit piéces de campagne, & l'on accorda à M. le Baron d'*Aylva*, qui commandoit dans la Place deux mortiers & quatre piéces de canon, dont deux de douze livres de balle & deux de trois livres, avec des munitions pour vingt-quatre coups par piéce :

LA cessation des actes d'hostilités fut publiée dans les deux armées le 11 Mai 1748, & l'on envoya des Officiers Généraux de part & d'autre à Maseick pour y régler les limites d'un terrein neutre qui sépara les troupes respectives, & dans lequel elles ne purent point entrer : du côté des François, M. *Dumesnil*, aujourd'hui Lieutenanr Général, fut choisi pour travailler à l'arrangement des limites.

LES Officiers Généraux qui commanderent la tranchée pendant ce siége, furent, MM. le Marquis de la *Tour Maubourg*, le Comte de *Montesson*, le Comte de *Lautrec*, le Comte de *Courtomer*, le Marquis d'*Armentieres*, le Comte de *Graville*, le Marquis de *Bissy*, le Duc de *Chevreuse*, le Marquis du *Chatelet* & le Marquis de *Senneclerre* Lieutenans Généraux, le Comte de *Relingue*, de *Tanus*, le Marquis *Dailly*, le Comte de *Loigny Montmorency*, le Marquis de *Beaufremont*, le Comte de *Fitz-James*, le Chevalier de *Nicolay*, le Comte de *Saulx de Tavannes*, le Comte de *Maillebois*, le Comte de *Rothe*, *Dumesnil*, le Duc de *Fitz-James*, le Comte de *Lorges*, le Marquis de *Montmorin*, le Comte de *Guerchy*, le Comte de *Montbarrey*, de *Torcy*, le Duc d'*Havré*, le Marquis de la *Sone*, le Marquis *Daffry* & le Comte de *Tirconel* Maréchaux de camp, *Després*, le Marquis de *Custine*, le Chevalier de *Dreux*, de *Bergeick*, de *Lally*, le Comte de la *Massaye*, le Duc *Dantin*, *Tunderfeld*, de *Grandvillars*, de *Cusaque* & de *Remond*, Brigadiers.

qu'elle n'exigeoit rien pour elle, mais cependant qu'elle vouloit qu'on rendît juſtice à tous ſes Alliés : que pouvoit-on eſpérer de plus d'un vainqueur, contre la gloire duquel ſes ennemis s'étoient tant de fois irrités ? ils firent tout ce qu'ils purent pour lui inſpirer des ſentimens de vengeance ; ils n'oublierent rien pour accoutumer ſon cœur à cet eſprit de cruauté qui rend les hommes féroces ; mais ils ne purent réuſlir ; ni leur obſtination, ni leur acharnement à répandre le ſang des ſujets du Monarque de la France, ne purent altérer la bonté de ſon caractere ; les ennemis demanderent la paix, il la leur donna, il en ſigna les préliminaires ; (*h*) il prit plaiſir à élever de ſes mains triomphantes l'édifice de la félicité publique , il en hâta lui - même la perfection : déja le jour qui devoit couronner cet ouvrage heureux étoit à ſon aurore ; il éclaira l'intention pure & ſincere des puiſſances belligérentes ou intéreſſées à la paix, il fut témoin de la vivacité de mille & mille tranſports de joye produits par cette précieuſe métamorphoſe ; & les réjouiſſances bruyantes, dont les murs d'Aix la Chapelle (*i*) retentirent, paſſerent d'échos en échos & vinrent ſe faire entendre dans l'Europe entiere. (*k*)

SA MAJESTÉ fut toujours ſenſible aux maux que la guerre entraine après elle ; les Généreux guerriers qui combattirent ſous ſes ordres, qui furent témoins des actions de ce grand ROI, qui

---

(*h*) LES articles préliminaires furent ſignés le 30 Avril 1748.

(*i*) AIX la Chapelle , grande & belle Ville d'Allemagne dans le cercle de Weſtphalie , au Duché de Juliers. Elle n'eſt pas forte , & n'eſt pas propre à être fortifiée. C'eſt une Ville libre & Impériale , bâtie par *Serenus Grānus* , ſous l'Empereur Adrien, vers l'an de J. C. 124. L'Empereur Charlemagne , charmé de la beauté du lieu, le choiſit pour être le ſiége de ſon Empire ; il y eſt enterré dans l'Egliſe de Notre-Dame, où l'on garde , dit-on , ſon Epée, ſon Baudrier, & le Livre des Evangiles dont il ſe ſervoit, étoit en lettres d'or ; ces trois choſes ſervent au couronnement des Empereurs. Elle eſt célebre par pluſieurs Conciles & par le traité de paix qui y fut conclu entre la France & l'Eſpagne en *1666*. Elle eſt dans un fond, environné de montagnes , à 12 lieuës de Cologne.

(*k*) LA paix générale fut concluë à Aix la Chapelle le *18 Octobre 1748*, par les Ambaſſadeurs de SA MAJESTÉ & par ceux du Roi de la grande Bretagne & des Etats Généraux des Provinces Unies. Le Roi d'Eſpagne , l'Impératrice Reine de Hongrie & de Boheme , le Roi de Sardaigne, la République de Gênes & le Duc de Modene y accéderent enſuite.

LA publication de la paix ſe fit à Paris le 12 Février 1749.

le fuivirent dans le cours de fes victoires, qui l'accompagnerent
dans ces maifons qui fervoient d'azile aux bleffés & aux malades,
le virent, s'élevant au-deffus d'une fauffe délicateffe, s'expofer
aux dangers prefque toujours inféparables de ces fortes de retrai-
tes; combien de fois ne receuillirent-ils pas auffi les pleurs que
lui arrachoit la vuë d'une infinité de morts & de mourans, dont
avoient été couverts les champs de batailles où il fe trouva, &
qui venoient d'être immolés au repos de l'Etat.

Le Diadême excepté, ne pourroit-on pas comparer le Mo-
narque de la France à Ariftide, Général des Grecs, que le dé-
fintéreffement, l'amour de la Patrie, la clémence & la douceur,
firent aimer non-feulement des Grecs qu'il commandoit, mais
même des Lacédémoniens leurs ennemis. La Grece fçut diftin-
guer ce Héros de Themiftocle que l'ambition feule faifoit agir;
l'amour d'Ariftide pour la juftice, le fit d'autant plus chérir des
Athéniens, dont il étoit le Général d'armée & le dépofitaire des
Finances, qu'ils le nommerent *Ariftide le Jufte.*

Louis XV, furnommé *le Bien-Aimé* par tous les ordres du
Royaume, s'eft acquis ce nom glorieux par fa générofité & fon
efprit de juftice. Vainqueur de fes ennemis, fon défintéreffement
fut pour eux un attrait qui l'emporta fur toutes fes autres vertus;
ils furent forcés de convenir que ce Monarque, par fa magnani-
mité, étoit monté à un dégré de gloire capable d'expofer à l'U-
nivers la différence du véritable héroifme à celui prétendu par ces
Conquérans, nés pour la deftruction du Genre Humain, avides de
fang & de carnage, dévorés par l'ambition, affez foibles pour
verfer des larmes fur l'impoffibilité de conquêtes chimériques, &
dont les annales du monde font malheureufement trop remplies.
S'il eft peu d'exemples de ces Héros dignes de l'être, de ces Héros
qui, fçachant mettre des bornes à leurs Conquêtes, préferent le
bonheur des Peuples au frivole avantage de tout envahir, Louis
XV en fournit un bien digne des plus grands hommages. Ce
Prince, que la vertu a elle-même formé à l'héroifme, ne prit
les armes que pour la juftice; après avoir triomphé en perfonne
dans les plaines de Fontenoy, de Lauffeld, & fubjugué toute

la

la Flandre, il aima mieux être le Pacificateur de l'Europe que d'en devenir le Conquérant ; il préféra, au plaisir barbare de tout enchaîner, celui d'éteindre dans tous les cœurs ces semences malheureuses de discorde & de haine qui entretenoient des playes que la jalousie faisoit saigner depuis si long-temps : voilà le véritable Héros, le modéle des Souverains.

FIN.

OFFICIERS GÉNÉRAUX,
Qui servirent pendant la Campagne de 1747.

LE ROI,
MONSIEUR LE MARECHAL DE SAXE,
LIEUTENANTS GÉNÉRAUX,

M. Le Marquis de Clermont Tonnerre.	M. Le Marquis Duchatel,
M. Le Marquis de Senneċterre,	M. Le Duc de Richelieu,
M. Le Comte de Clermont ;	M. Le Prince de Pons,
M. Le Prince de Dombes ;	M. Le Marquis de Brezé,
M. Le Comte d'Eu ,	M. Le Duc de Luxembourg,
M. Le Marquis de Maubourg ;	M. Le Comte d'Estrées,
M. Le Marquis de Montboissier ;	M. Le Comte de Berchini ,
M. Le Marquis de Meuse ,	M. Le Comte de Clare ,
M. Le Marquis de Clermont Gallerande ,	M. Le Marquis de Salieres ;
M. Le Marquis du Chayla ,	M. Le Chevalier d'Apcher ,
M. Le Comte de Ségur ,	M. Le Marquis de Mirepoix ,
M. Le Comte de Baviere ,	M. Le Marquis de Clermont d'Amboise,
M. Le Comte de Montesson ;	M. Le Marquis de Langeron ,
M. Le Comte de Lautrec ,	M. Le Marquis de Croissy ,
M. Le Duc de Biron ,	M. Le Duc de Chartres ,
M. Le Marquis de Putanges ,	M. Le Duc de Penthievre ;
M. Le Comte de Coigny,	M. Le Marquis de Pontchartrain ;
M. Le Comte de Lowendal ,	M. Le Comte de Courtomer ,
M. Le Comte de Beranger ,	M. Le Marquis de Contades ,
M. Le Duc de Boutteville ,	M. Le Marquis d'Armentieres.

MARÉCHAUX DE CAMP.

M. Le Marquis de Firmacon ;	M. Le Marquis du Muy ;
M. Le Comte de Graville ,	M. Le Marquis d'Anlesi ,
M. Le Duc de Brissac ;	M. Le Comte de l'Aigle ,
M. Le Marquis de Souvré ;	M. Le Marquis de Sourches ;
M. Le Duc de Chevreuse ,	M. Le Comte de Rosen ,
M. Le Marquis Duchatelet ;	M. Le Comte de Fitz-James ,
M. Le Chevalier de Coürten ;	M. Le Marquis de Beauffremont ;
M. Le Duc d'Aumont ;	M. Le Comte de Saulx ,
M. Le Duc d'Ayen ,	M. Le Prince de Tingry ,
M. Le Prince de Soubise ;	M. Le Comte de la Suze ,
M. Le Duc de Chaulnes ,	M. Le Chevalier de Nicolay ,
M. Le Comte de Relingue ;	M. Le Duc de Fitz-James ;

M. Le Comte de Luffan,
M. Le Comte de Noailles,
M. Le Comte de Maillebois,
M. Le Comte de Choifeul,
M. Le Duc de Broglie,
M. Le Comte de Blet,
M. Dumefnil,
M. Le Baron de Montmorency,
M. Le Chevalier du Muy,
M. De Rothe,
M. Le Marquis de Chabanois,
M. Le Comte de Rochouart Faudoas,
M. Le Marquis de Montmorin,
M. Le Comte de Lorges,

M. Le Comte d'Hérouville de Claye,
M. Le Duc de Lauraguais,
M. Le Duc de Duras,
M. Le Comte de Froullay,
M. De la Marche,
M. Le Marquis de Boudeville,
M. Le Conte de Pons,
M. Le Comte de Montbarey,
M. Le Marquis de Beaupreau,
M. Le Comte de la Vauguyon,
M. Le Comte de Guerchy,
M. Le Marquis de Gontaut,
M. Le Duc d'Havré,
M. Le Comte de S. Germain.

ETAT MAJOR.

Maréchal Général des Logis de l'armée.... M. De Cremille.

Major Général de l'infanterie.... M. Le Chevalier de Vaudreüil.

Maréchal Général de la cavalerie,.... M. De Croifmare.

Intendant de l'armée.... M. De Sechelles.

TABLE DES PLANCHES.

LIVRE PREMIER.

LIVRE SECOND.

LIVRE TROISIÉME.

LIVRE QUATRIEME.

LIVRE CINQUIEME.

Fin de la Table des Planches.

Les Relieurs font avertis de placer chaque Planche vis-à-vis du Chapitre.

PRIVILEGE DU ROI.

LOUIS, PAR LA GRACE DE DIEU, ROI DE FRANCE ET DE NAVARRE : A nos amés & féaux Conseillers, les Gens tenant nos Cours de Parlement, Maître des Requêtes ordinaires de notre Hôtel, Grand-Conseil, Prévôt de Paris, Bailli, Sénéchaux, leurs Lieutenants Civils, & autres nos Justiciers qu'il appartiendra ; SALUT. Notre amé le Sieur DUMORTOUS, Nous a fait exposer qu'il desireroit faire imprimer & donner au Public un Ouvrage qui a pour titre : *Histoire des Conquêtes de Louis XV. par Me Dumortous, Avocat au Parlement,* s'il Nous plaisoit lui accorder nos Lettres de Privilege pour ce nécessaires. A CES CAUSES, voulant favorablement traiter l'Exposant, Nous lui avons permis & permettons par ces Présentes, de faire imprimer ledit Ouvrage autant de fois que bon lui semblera, & de le faire vendre & débiter par tout notre Royaume, pendant le tems de six années consécutives, à compter du jour de la date des Présentes. Faisons défenses à tous Imprimeurs, Libraires & autres personnes, de quelque qualité & condition qu'elles soient, d'en introduire d'impression étrangere dans aucun lieu de notre obéissance : comme aussi d'imprimer ou faire imprimer, vendre, faire vendre, débiter, ni contrefaire ledit Ouvrage, ni d'en faire aucun extrait, sous quelque prétexte que ce puisse être, sans la permission expresse, & par écrit dudit Exposant, ou de ceux qui auront droit de lui, à peine de confiscation des Exemplaires contrefaits, de trois mille livres d'amende contre chacun des contrevenants, dont un tiers à Nous, un tiers à l'Hôtel-Dieu de Paris, & l'autre tiers audit Exposant, ou à celui qui aura droit de lui, & de tous dépens, dommages & intérêts. A la charge que ces Présentes seront enregistrées tout au long au commencement ou à la fin dudit Ouvrage, & sur le Registre de la Communauté des Imprimeurs & Libraires de Paris, dans trois mois de la date d'icelles ; que l'impression dudit Ouvrage sera faite dans notre Royaume, & non ailleurs, en bon papier & beaux caracteres, conformément à la feuille imprimée, attachée pour modele sous le contre-scel des Présentes ; que l'Impétrant se conformera en tout aux Réglemens de la Librairie, & notamment à celui du 10 Avril 1725. qu'avant de l'exposer en vente, le Manuscrit qui aura servi de copie à l'impression dudit Ouvrage, sera remis dans le même état où l'Approbation y aura été donnée, ès mains de notre très-cher & féal Chevalier, Chancelier de France, le Sieur DELAMOIGNON ; & qu'il en sera ensuite remis deux Exemplaires dans notre Bibliotheque publique, un dans celle de notre Château du Louvre, & un dans celle de notredit très-cher & féal Chevalier, Chancelier de France, le Sieur DELAMOIGNON : le tout à peine de nullité des Présentes ; du contenu desquelles vous mandons & enjoignons de faire jouir ledit Exposant & ses ayans cause, pleinement & paisiblement, sans souffrir qu'il leur soit fait aucun trouble ou empêchement. Voulons que la copie des Présentes, qui sera imprimée tout au long au commencement ou à la fin dudit Ouvrage, soit tenue pour duement signifiée, & qu'aux copies collationnées par l'un de nos amés & féaux Conseillers Sécretaires, foi soit ajoutée comme à l'Original. Commandons au premier notre Huissier ou Sergent sur ce requis, de faire pour l'exécution d'icelles tous actes requis & nécessaires, sans demander autre permission, &

nonobſtant clameur de Haro, Chartre Normande & Lettres à ce contraires. C A R tel
eſt notre plaiſir. D o n n é à Verſailles, le douziéme jour du mois de Janvier, l'an
de Grace mil ſept cent cinquante-neuf, & de notre Regne le quarante-quatriéme. Par
le Roi en ſon Conſeil. *Signé*, LE BEGUE.

*Regiſtré ſur le Regiſtre quatorziéme de la Chambre Royale & Syndicale des Libraires &
Imprimeurs de Paris, N°. 464. fol. 408. conformément au Réglement de 1723. qui fait
défenſes Art. 4. à toutes perſonnes de quelques qualites & conditions qu'elles ſoient, autres que
les Libraires & Imprimeurs, de vendre, débiter & faire afficher aucuns Livres pour les
vendre en leurs noms, ſoit qu'ils s'en diſent les Auteurs ou autrement; & à la charge de
fournir à la ſuſdite Chambre neuf Exemplaires preſcrits par l'Art. 108. du même Réglement.
A Paris, le ſeiziéme jour de Janvier 1759. Signé, P. G. LE MERCIER, Syndic.*